乡村文化振兴的调查与研究

冯丕红 著

北京出版集团
北京出版社
北京教育出版社

图书在版编目（CIP）数据

乡村文化振兴的调查与研究 /冯丕红著 . --北京：

北京出版社：北京教育出版社，2023.6

ISBN 978-7-200-17936-1

Ⅰ . ①乡… Ⅱ . ①冯… Ⅲ . ①农村文化—文化事业—
建设—研究—中国 Ⅳ . ①G127

中国国家版本馆CIP数据核字（2023）第088231号

乡村文化振兴的调查与研究

冯丕红　著

*

北 京 出 版 集 团

北 京 出 版 社　　出 版

北 京 教 育 出 版 社

（北京北三环中路6号）

邮政编码：100120

网址：www.bph.com.cn

京版北教文化传媒股份有限公司总发行

全 国 各 地 书 店 经 销

三河市兴国印务有限公司印刷

*

787mm×1092mm　16开本　11印张　218千字
2023年6月第1版　2023年6月第1次印刷
ISBN 978-7-200-17936-1

定价：58.00元

　　本书是广西哲学社会科学规划研究课题一般项目"基于新发展理念推进广西乡村文化振兴的可持续机制研究"（编号21BKS015）阶段性成果，广西学位与研究生教育改革课题"马克思主义理论学科研究生'3B'培养模式探究"（编号JGY2021176）阶段性成果，广西高校大学生思想政治教育理论与实践研究重点课题"先秦儒家优秀文化资源融入高校思政课研究"（编号2020MSZ013）阶段性成果，获得广西科技大学"3331高层次人才"优秀青年学者项目资助。

自　序

　　调研是科学认识的前提、科学决策的基础、科学发展的途径，各项工作要提高质量和效益都离不开调研活动。调研分为"调"和"研"："调"，即调查，是指运用各种方法和手段对调研对象进行了解核查，掌握其真实情况；"研"，即研究，是指对调查材料进行分析、研判，总结经验，为决策提供依据。"调查研究、总结经验"，这八个字看似简单浅显，实则奥妙无穷，它从方法论的高度解决了理论与实践、主观与客观、感性与理性、理论与现实的关系问题。掌握好这种方法，就能向实践寻求答案、向历史寻求借鉴，才能捕捉难以听到、不易看到和意想不到的新情况、新问题，找出解决问题的新视角、新思路和新对策。

　　调查研究是一项复杂又艰巨的工作，逻辑性、条理性都很强，我们要实事求是地做好调研，就不能满足于听听、转转、看看，不能蜻蜓点水、浅尝辄止。要高质量完成调研工作，不仅要"身入"，更要"心入"。"身入"解决的是"在场"问题，"心入"解决的是"在状态"问题。"心入"的"调"是研究事物的前提和基础。《韩非子·孤愤》曰："不明察，不能烛私。"意思是不仔细、深入地调查，就不能够洞察隐私真情，所以调查必须既"身入"又"心入"，"身入"而不"心入"，随便地看、随意地听、胡乱地走，是形式上的调查，而不是实际上的调查，形式上的调查是根本了解不到调查对象真实情况的。"心入"的"研"，是为了更科学、更合理地进行分析、研判，为决策提供可靠依据。"研"是初衷，是"调"的根本意义和目的所在，是解决问题的核心。"身入"而"心不入"的"研"，形同"只调不研"。

　　调研要"心入"，首先需要真心。调研必须要用真心，才能换得真情。这个"真情"，既指调研对象对调研人员的信任，也指调研对象的真实情况。调研要出实情、出真事，就必须对调研对象多一些真诚，让调研少一些"套路"，带着"精诚所至，金石为开"的诚心，用真情、说真话、办真事。

　　调研要"心入"，其次需要耐心。调研是一项辛苦的工作，浮光掠影、蜻蜓点水是不行的。调研不是一锤子买卖，往往需要反复走访、长期关注，要舍得跑，多走多问，保持一股"不破楼兰终不还"的韧劲。

　　调研要"心入"，最后需要细心。调研是一个去粗取精、去伪存真，由此及彼、由表及里的过程，重在凝神聚力、专心致志，如果不能做到细心、细致，就不能发现真问题。因此，我们不仅要在调查研究前细心准备，把工作做足，不打无准备之仗，还要在调查研究过程中细致、细心、关注细节，更要在调查研究结束后进行细致思考、追根究底，察觉和探索细节中蕴含的问题，把零散的认识系统化，把粗浅的认识深刻化，直至找到事物的本质规律，从而找到解决问题的正确路径和科学对策。

调研不是"跑来跑去"，也不是"纸来纸去"。要想真正做好调研，就要端正态度、摆正位置，既要"身入"，更要"心入"。

作为一名经常进行田野调查的哲科工作者，一直以来，我都认为自己与湘桂有缘，拙作算得一个注脚。我曾经在湖南求学，历时九载，所获甚多，概括起来其实就四个字：实事求是。长沙是我学术生命和理论研究的起点，在岳麓山和橘子洲之间我度过了人生中最美好的九年，曾有幸在师友们的教导和指引下穿越浩瀚书海，见识了湖南人"吾道南来，原是濂溪一脉；大江东去，无非湘水余波""惟楚有材于斯为盛"的学术自信和豪迈，感受到了"先天下之忧而忧，后天下之乐而乐""若道中华国果亡，除非湖南人尽死"的家国情怀，也曾有幸带着问题、顶着严寒酷暑用脚步丈量三湘四水，深深地被湖南人"吃得苦、耐得烦、霸得蛮"的精神和性格所感染。反复实践和长期的理论探索，让我始终笃信：在湖南人的学术自信豪迈、自古以来的家国情怀以及"吃得苦、耐得烦、霸得蛮"的精神性格背后深深地印刻着四个字，那就是"实事求是"，正是这四个字形塑了湖湘精神，也正是这四个字触动了我、影响了我。

实事求是，故须调查研究。党的十八大以来，习近平总书记多次强调调查研究的重要性：2020年10月10日，习近平总书记在中央党校（国家行政学院）中青年干部培训班开班式上指出，调查研究是做好工作的基本功。一定要学会调查研究，在调查研究中提高工作本领。调查研究要经常化。要坚持到群众中去、到实践中去，倾听基层干部群众所想所急所盼，了解和掌握真实情况，不能走马观花、蜻蜓点水，一得自矜、以偏概全。对调研得来的大量材料和情况，要认真研究分析，由此及彼、由表及里。对经过充分研究、比较成熟的调研成果，要及时上升为决策部署，转化为具体措施；对尚未研究透彻的调研成果，要更深入地听取意见，完善后再付诸实施；对已经形成举措、落实落地的，要及时跟踪评估，视情况调整优化。这一重要论述说明了调查研究是党领导人民治国理政的重要路径。

调查研究，也要实事求是。2018年1月5日，习近平总书记在新进中央委员会的委员、候补委员和省部级主要领导干部学习贯彻习近平新时代中国特色社会主义思想和党的十九大精神研讨班上的讲话中强调，调查研究千万不能搞形式主义，不能搞浮光掠影、人到心不到的"蜻蜓点水"式调研，不能搞做指示多、虚心求教少的"钦差"式调研，不能搞调研自主性差、丧失主动权的"被调研"，不能搞到工作成绩突出的地方调研多、到情况复杂和矛盾突出的地方调研少的"嫌贫爱富"式调研，而是要拜人民为师、向人民学习，放下架子、扑下身子，接地气、通下情，既到工作局面好和先进的地方去总结经验，又到群众意见多的地方去，到工作做得差的地方去，到困难较多、情况复杂、矛盾尖锐的地方去调查研究，真正把功夫下到察实情、出实招、办实事、求实效上。因此，搞好调查研究一定要"实"，要用"力"。

拙作是调研报告及心得体会汇编，是践行实事求是精神和调查研究理念的直接成果。拙作收录了我在湖南省和广西壮族自治区调研时所撰写的调研报告、理论文章和心得体会，涉及生态文明建设、精准扶贫、乡村振兴、老龄社会建设等主题，这些也都是近十年社会关注的热点和难点问题。

拙作出版得到了广西科技大学"3331高层次人才"优秀青年学者项目资助，是广西哲学社会科学规划研究课题一般项目"基于新发展理念推进广西乡村文化振兴的可持续机制研究"（编号21BKS015）阶段性成果，广西学位与研究生教育改革课题"马克思主义理论学科研究生'3B'培养模式探究"（编号JGY2021176）阶段性成果，广西高校大学生思想政治教育理论与实践研究重点课题"先秦儒家优秀文化资源融入高校思政课研究"（编号2020MSZ013）阶段性成果。我所带的研究生参与了课题研究的资料整理工作，马克思主义理论硕士研究生李梓楠同学做了大量基础性工作，在此深表感谢！

目录 Contents

第四部分　老龄社会观察

参考文献

第一部分

生态文明管窥

低碳社区构建的思考

2003年，英国政府发表了题为《我们能源的未来：创建低碳经济》的能源白皮书，首次提出了"低碳经济"的概念，引起了国际社会的广泛关注[①]。2007年，日本提出建设低碳社会，旨在于社会各方面、各领域实现低碳[②]。在城市化进程不断加速的背景下，城市作为低碳经济和低碳社会的载体，其发展模式和发展轨迹成为全球低碳发展的关注焦点[③]；而城市社区作为城市的最基本的单元，是人们生活、居住的最主要的场所，将低碳理念在城市社区付诸实践尤为重要。随着生产力的发展和人们物质生活水平的不断提高，建立在碳能源基础上的现代工业、城市及生活方式带来的环境问题日益为人们所关注。

一、低碳社区文献研究现状

《2010年世界发展报告》开篇便指出："气候变化是人类在新世纪面临的最为复杂的挑战之一。"为解决气候变化问题，联合国设立了政府间气候变化专门委员会，召开了十五次国际气候变化大会，取得了《联合国气候变化框架公约》《京都议定书》与"巴厘岛路线图"等重要成果。放任气候变化将使全人类面临极大的威胁，21世纪内它就可能使气温升高5℃以上。随着世界各国应对全球变暖的共识以及承担的减排CO_2任务不断加强，除"低碳经济"之外，"碳足迹""低碳技术""低碳城市""低碳社区"等一系列新概念、新政策应运而生，为全世界迈向可持续发展的生态文明走出一条新路。

城市是碳排放的主体，2010年10月我国首次承办的气候变化国际谈判会议在天津举行，作为我国首批低碳城市试点的天津引起国内外的广泛关注。社区是区域碳减排的重要单元和研究主体，是实现全球减碳和低碳城市化的关键所在。

1.低碳社区内涵界定

中国低碳网论坛负责人林辉首次对低碳内涵进行了延展，率先提出"低碳社区"这一新型社区建设理念。截至目前，国内大多数学者对城市低碳社区的理解还是在低碳经济和低碳

---

① DTI. Energy White Paper: Our Energy Future: Creating a Low Carbon Economy [R]. London: TSO, 2003.

② 陈志恒. 日本低碳经济战略简析 [J]. 日本学刊，2010（4）：53-66，158.

③ 戴亦欣. 低碳城市发展的概念沿革与测度初探 [J]. 现代城市研究，2009，24（11）：7-12.

城市的基础上，沿用低碳经济和低碳城市的定义，从不同角度对其进行描述。黄文娟等[1]从低碳经济、减少碳排放、可持续发展的概念、城市结构关系四个角度对专家的城市低碳社区理解进行了分析，最终得出城市低碳社区涵盖较高的能源使用效率、紧凑的空间结构、居住建筑低能耗、公交系统和步行优先于家庭轿车使用、社区居民低碳环保意识和生活方式一致以及有效的公众参与等结论。一方面，学者们都将社区"低碳"的概念加以延伸；另一方面，多数学者在阐述低碳社区的时候，偏重于论述如何减少社区硬件设施的温室气体排放。

2.低碳社区建设的国际经验

社区是人们生活、居住的主要场所，透过低碳社区建设低碳经济更具效果。全球各地已出现了不少低碳社区或碳中和社区，典型的有英国的贝丁顿、德国的弗班和瑞典的维克舍。OPL（一个地球生活）更是以英国贝丁顿"零能耗"社区为原型[2]推广经验，成功在美国、英国、葡萄牙等国家建立OPL社区。这些社区以可持续发展为理念，以减少社区总碳排放量为宗旨，运用低碳技术在建筑、交通、居民用能几大方面实现减碳的目标。国外低碳社区建设采取措施的侧重点大致有两类：一类是以贝丁顿为代表的侧重设计层面的零能耗社区；另一类是以弗班为代表的侧重引导社区居民采取低碳措施的学习型社区。

二、建设低碳社区的意义

建设低碳社区是人类可持续发展的需求。工农业生产的发展，一方面推动了人们物质生活水平的提高，另一方面对环境造成了严重的破坏。环境问题逐渐成了一个世界性的危机，全球保护环境的呼声越来越高。"可持续发展"（Sustainable Development）的概念最先在1972年斯德哥尔摩举行的联合国人类环境会议上被正式讨论，是20世纪70年代提出的一个新的发展观。它的提出是应时代变迁、社会经济发展的需要而产生的。可持续发展是一种既满足当代人的需求，又不对后代人满足其需求的能力构成危害的发展；侧重社会方面的定义则将可持续发展定义为"在生存于不超出维持生态系统涵容能力之情况下，改善人类的生活品质"。

随着经济的发展，资源的约束越来越突出，在这种情况下，为了保证经济"又好又快"地发展，我们国家经济结构要进行转型，即从过去那种"高投入、高能耗、高污染、低产

---

① 黄文娟，葛幼松，周权平．低碳城市社区规划研究进展［J］．安徽农业科学，2010，38（11）：5968–5970，5972.

② OPL（One Planet Living，一个地球生活）是WWF和英国生态区域发展集团（BioRegional Development Group）共同合作开发的项目。OPL将把诸如BedZed、WWF百万可持续发展房屋运动、地球生态报告和两个组织工作的经验加以推广，促进可持续发展和减少生态足迹概念的普及。

出"的模式向"低投入、低能耗、低污染、高产出"的模式转变。"资源节约型、环境友好型社会"建设目标的提出,是一种具有全局意义的战略考虑,对于建设美好社会,实现社会和谐无疑具有重要意义。

城市社区建设和社区发展是在当前体制转轨和社会变迁的大背景下提出的新概念。随着社会的变迁和城市经济的飞速发展,我国城市化进程不断加快,社区承担的任务日益繁重,社区在城市中的地位越发重要。目前,世界各国在发展低碳经济、低碳技术方面正站在同一条起跑线上,谁能抢先发展好低碳技术和低碳产业,谁就能在新一轮经济增长中把握主动权;但是,发展"低碳经济"仅有先进技术的支撑是不够的,必须依托于"低碳生活"才能实现减排的目的。建设低碳社区不仅是社区自身和城市发展的需求,更是国民经济快速发展的必要条件。

建设低碳社区有益于形成绿色健康的生活方式。社区是我国最基层的自治单位,承担着经济、政治、文化等多种功能。同时,社区是社会成员居住、生活的场所,涵盖了人口控制、垃圾回收、绿色出行、节约消费等低碳发展的各个方面,决定着整个社会的生活方式、消费方式是否符合低碳发展理念。建设低碳社区,倡导居民生活作息时所耗用的能量应尽可能减少,从而减少碳特别是二氧化碳的排放量,引导居民的观念从消费主义重新回归节约的传统美德。推动社区低碳化发展,有利于引导居民培养绿色低碳、健康文明的生活方式和消费模式。

三、低碳社区建设的思想和制度保障

在思想层面进一步营造公众参与低碳社区构建的氛围。一是借助平台培植低碳文化。社区管理机构要充分利用社区硬件和软件设施,构建社区文化网络,营造低碳文化。如在社区图书阅览室、综合活动室、宣传阅报栏等文化活动场所为居民提供低碳建设宣传资料、本社区低碳建设简报等;在社区公众墙上用简便易懂的图画宣传低碳文化,内容可涵盖全球气候变暖对人类的生存及发展产生的消极影响、低碳建设带来的好处、居民参与低碳建设该怎么做等,增强社区居民的危机及环保意识;通过QQ群等公众群宣传低碳文化,把低碳建设的进展情况等相关信息及时告知社区居民,在提高社区居民低碳信息知晓度的同时,提升社区居民参与低碳建设的自觉性。二是开展活动培植低碳文化。低碳社区建设是一个系统工程,需要政府、社区、社会共同作出努力,如开展系列活动培植低碳文化。可组织开展环境保护、节约能源法律法规宣传教育活动,逐步增强公众的环境保护法律意识和低碳意识;把低碳文化融入校园文化建设,使低碳知识教育走进课堂,引导青少年从小树立应对气候变化的意识，积极参与低碳社区建设；可结合世界环境日、一年一度全国节能宣传周等活动日，开展系列"低碳社区，我参与我行动"的实践活动，引导公众改变行为模式和习惯，将低碳理念融入日常生活的点点滴滴，推动低碳社区建设；引导和鼓励开展关于低碳技术方面的研究讨论，培育及推广低碳产品。

在制度层面进一步为公众提供参与低碳社区构建的保障。低碳社区作为公共产品，具有时间维度和空间维度的使用困难，不可能分解成清晰的私人产权。如果没有良好的制度规范人们的思维方式和行为方式，一方面会导致城市社区"公地悲剧"的出现，严重影响城市的可持续发展；另一方面，很容易导致一部分人形成"搭便车"的侥幸心理，而相对积极的公众也会产生"囚徒困境"的选择难题①。因此，在低碳社区建设的规划、执行、监督和评估四个环节中，要有良好的制度保障公众参与权利，提高公众参与效率。在正式制度层面，要建立相应的知情制度、表达制度、评估制度和清理制度；在非正式制度层面，要充分利用非正式的社会资本，促进社区内的人与人之间、社区与社区之间的交流合作。

第一，要明确知情制度，保障公众知情权。公众对低碳社区的价值判断会直接影响其参与意愿和实际参与情况。因此，知情制度不仅需要包括传统意义上的行政公开，还应有完善的宣传教育。我们要利用各种媒介使公众对低碳社区建设的必要性、重要性及日常做法形成清晰的认知。行政公开中要做到各个阶段都公开透明，一方面，低碳发展规划和规章草案文本，包括相应的指导思想、宗旨、依据、说明等要及时公开；另一方面，应向公众公开征求意见并对意见采纳情况进行公开，特别是采纳或不采纳意见的理由要公开，对公众有所交代。此外，也应对具体实施情况定期予以宣传。公众必须了解甚至掌握以下类型信息：社区及社区因素的基本状况信息、构建低碳社区的各种注意事项以及居民需要配合的工作、社区管理部门为构建低碳社区而采取的各项措施。

第二，要有表达制度，让公众有途径表达。有效的表达，在了解民意、汇集民智、凝聚民心，提高治理的质量，增进政府和民众之间的理解和互信，促进低碳社区建设方面会有显著作用。完善表达制度首先要创新发展各种表达形式，如听证会、座谈会、讨论会、民意调查、网上参与、调研小组等，并且要注意发挥市场中介组织、行业协会、社区自治组织等非政府组织的作用，更广泛地了解公众所想。公众表达能力和表达资源因社会地位差异而不同，因此现实中应当针对特定的群体，特别是弱势群体采取特殊方式，使他们的声音能被听

① 公地悲剧：哈丁1968年发表的《公地灾难》中提到，英国一个小村的居民共用一个牧场，牧场对牲畜有一定的承载能力，超过这个能力牧场就会退化，而村民们自利地增加自己牲畜的规模，最后超出了牧场的承载能力。因此，"沿着公地资源的内在逻辑，就会产生可悲的结果"。囚徒困境：同一个案件的囚犯在不能相互联系的环境下陷入相互背叛的困境中。参见陶传进.环境治理：以社区为基础［M］.北京：社会科学文献出版社，2005：38-39.

到，合理的建议能被采纳。

第三，要有评估制度与清理制度，保障参与的有效性。社会环境所具有的复杂性、多变性，使得社区的低碳建设与期望发生偏离。同时，建立高效、廉洁的政府管理也需要对建设现状和政府工作进行评估和清理，并根据定期评估结果，对规划作出保留、修改或废止的处理，指出实施过程中的不足之处并请公众监督改善情况。

论低碳生活的伦理意蕴

低碳生活是通过减少日常生活中的碳（主要是二氧化碳）排放量来实现低耗能、低开支、低污染目标的一种新兴生活方式，它是人类在经历了"自发低碳社会—高碳社会—和谐低碳社会"之后作出的理性抉择①。作为人类理性反思的结晶，低碳生活具有浓厚的伦理意蕴：生态正义是低碳生活的伦理依据，生态消费是低碳生活的伦理诉求，生态良知是低碳生活的伦理保障。

一、生态正义：低碳生活的伦理依据

低碳生活的提出是人类理性反思的结果。人类的发展史既是一部碳资源、碳能量的发掘、利用史，也是一部碳废弃物的排放史。人一方面出于生存和发展目的从自然界中获取碳能量和碳资源，另一方面将利用后的碳废弃物排放到自然界中。在"人—碳—自然"关系中，自然界不仅是人类生产生活所需要的碳资源、碳能量的供给者，还是碳废弃物的接纳者和承受者。通常情况下，"人—碳—自然"系统处于动态平衡之中，人类对碳资源、碳能量的发掘利用程度、对碳废弃物的排放量与自然生态的承载能力、自净能力相协调，然而当人类对碳资源、碳能量的发掘利用程度及对碳废弃物的排放量超过了自然生态的承载能力、自净能力的时候，碳与人、碳与大自然之间原有的平衡状态被打破，碳不仅之于自然界成为生态问题，还之于人成为社会问题。在采集狩猎文明时代，自然"作为一种完全异己的、有无限威力的和不可制服的力量与人们对立，人们同它的关系完全像动物同它的关系一样，人们就像牲畜一样服从它的权力，因而，这是对自然界的一种纯粹动物式的意识（自然宗教）"②，由于"稀少的人口、分散的社会形式、以自然材料为工具（壶、篮、箭和矛）和对'肌肉力量'的依赖，狩猎采集对环境的影响一般很小并且是区域性的"③。进入农耕文明时代后，人类出现了畜牧业和种植业，粮食稳定供给，人口数量增加，但受生产力水平（主要是生产工具制造水平）限制，人类的生产活动基本上处于原初状态，有限的碳排放主要来自日常生活，气候、环境并未受到太多影响，因

---

① 苏丽君.否定之否定律视域中低碳和谐社会的建构［J］.南华大学学报（社会科学版），2010，11（6）：35-38.

② 马克思，恩格斯.马克思恩格斯选集（第1卷）［M］.北京：人民出版社，1995：35.

③ 查尔斯·哈珀.环境与社会——环境问题中的人文视野［M］.肖晨阳，晋军，等，译.天津：天津人民出版社，1998：49.

此人与自然的关系是和谐的。随着蒸汽机、纺织机的发明、使用，人类进入了工业文明时代。在技术理性（工具理性）的指导下，人类大量发掘、使用化石燃料，促使生产、生活的动力来源得到了极大的改善，社会财富迅速积累，人们的生活水平显著提高，统治、征服、控制、支配自然的欲望随之成为这一时代的精神①。然而，事物都有其两面性，工业文明在给人类带来方便和财富的同时也带来了问题和困扰：全球气候变暖、臭氧层破坏、森林锐减、大气污染严重、酸雨蔓延、农作物减产……高碳生产、生活模式已经把人类置于大气生态危机的阴霾中。《联合国气候变化框架公约》《京都议定书》的签订、"巴厘岛路线图"的制定、坎昆气候变化会议的召开即是人类对由高碳生产、生活模式所引起的大气生态危机的有力确证和回应。直面工业革命以来大气生态环境恶化的现状，作为理性存在者的人不得不对传统"主客二分"思维模式下的人与自然的关系进行重新定位，对高碳生产、生活方式进行反思。"低碳生活"即是在此背景下提出来的。"低碳生活"作为一种经验事实在人类历史上早已有之，然而作为一个指向未来的应然性概念则是在人类遭遇"高碳危机"后才提出来的。"高碳危机"是指进入工业社会后，人类由于采用高碳耗、高碳排的生产、生活方式而导致的自然生态的恶化以及由此引发的次生困境和冲突。高碳生产、生活模式所带来的危机及其次生困境和冲突不仅破坏了人与自然之间的正义，还导致了人与人之间的不正义。

人与自然作为统一的整体，是生态正义的第一要义，是构建低碳生活的前提。人与自然究竟如何实现统一？生态整体主义伦理观认为，"人作为大地共同体的普通公民、生命共同体的普通成员、生态系统的普通物种、生物链条上的一个普通环节、自然世界的一部分，参与到生态整体当中，并由此构成人与自然的整体关系。在这种人与自然的整体关系中，生态整体本身被认为是自然存在的最高目的，且拥有最高的价值，生态整体的和谐、美丽与稳定被看作最高的善，而人作为生态共同体的一个普通成员为生态共同体的存在和实现生态整体本身的善承担着不可推卸的道德责任"。②生态整体主义伦理观把人看作自然的一部分，固然没有落于人类中心主义的窠臼，然而却陷入了"泛道德主义"的泥沼，作为自然（生物）意义上的人并不具有道德，更无道德责任可言，如果把人看作自然的一部分，如同水、大气、土壤一样，表面上的确论证了人与自然的统一，但实质上却以人的自然属性遮蔽或者消解了人之为人的社会属性，因为倘若承认了人作为自然的一部分要对生态整体担负道德责任，也就承认了与人处于平等地位的自然的其他构成部分（水、土壤、大气等）也具有道德，拥有道德责任，这事实上是陷入了"泛道德主义"误区。因此，"人作为自然的一部分，应该对自然负责"这一命题在生态学意义上是成立的，在伦理学意义上则不成立。

---

① 大卫·雷·格里芬.后现代精神 [M].王成兵，译.北京：中央编译出版社，1998：5.

② 曹孟勤.自然即人 人即自然——人与自然在何种意义上是一个整体 [J].伦理学研究，2010（1）：63-68.

针对生态整体主义伦理观的困境，我们需要对人与自然的关系进行重新思考和定位。一方面，人在自然生态系统中是一种对象性的存在，人把自然生态系统中的其他存在物当作对象的同时，该对象也会把人视为对象。另一方面，人具有自然属性和社会属性。人的社会属性决定了人作为一种具有劳动创造性和自主思维能力的社会动物并不仅仅停留于本能层面的原始欲望的满足，而会追求更高层次的发展和自我价值的实现，这种发展和自我价值的实现主要是通过劳动达成的。"劳动首先是人和自然之间的过程，是人以自身的活动来引起、调整和控制人和自然之间的物质变换的过程。人自身作为一种自然力与自然物质相对立。为了在对自身生活有用的形式上占有自然物质，人就使他自身的自然力——臂和腿、头和手运动起来。当他通过这种运动作用于他身外的自然并改变自然时，也就同时改变他自身的自然。"①因此，劳动既是人改造自然的途径，也是人实现自我发展和完善的方式；劳动过程既是作为对象的自然被作为主体的人主体化的过程，也是作为主体的人被作为对象的自然客体化的过程，人既把自然界作为对象表现自己的本质，又把自己当作对象表现自然界的本质，在这个双向互化的过程中人与自然实现了统一。

然而，在现实生活中人与自然之间为什么会出现对立呢？原因在于人在劳动过程中认为自己是自然界本质的存在物，而不再是把自己看成表现自然界本质的对象，与此相应，自然界也不再是人的自然界，而蜕变成了支配人的异己力量，从而把人和自然的本质割裂开来。高碳危机所带来的被动局面是人类在"大自然一直被认为只对人类具有工具价值而人类却被视为是内在价值的唯一拥有者"的传统价值观的指导下②，在追求高层次发展与满足的过程中，把作为碳资源、碳能量的供给者及碳废弃物容纳者的大自然当作无关紧要的"他者"，把自己当作大气生态环境的主宰和本质存在，不假思索地把人与大气生态环境的本质割裂开来所造成的。因此，针对眼下"高碳危机"造成的人与自然对立的局面，我们需要重新弥合人与大气生态环境的分裂，在劳动过程中务必把以前作为"他者"的大气生态环境纳入"我"之中，既把大气生态环境作为对象表现"我"的本质，又把"我"当作对象表现大气生态环境的本质。因此，低碳生活作为对高碳危机理性反思的结果，作为指向未来的生活方式抑或概念，不管是作为一种补救措施还是防范手段都必须建立在生态正义的第一要义——人与自然的统一的基础上。人与自然的统一是构建低碳生活的前提，如若否认人与自然的统一，那么低碳生活就既没有构建的必要，也没有实现的可能。

生态环境的使用、保护主体间的平等与公正是生态正义的第二要义，低碳生活的构建是以

---

① 马克思.资本论（第1卷）[M].北京：人民出版社，1975：201.

② 霍尔姆斯·罗尔斯顿.环境伦理学：大自然的价值以及人对大自然的义务[M].杨通进，译.北京：中国社会科学出版社，2000：253.

大气生态环境的使用、保护主体间的平等与公正为基础的，其主要有两层含义：其一，所有主体都应拥有平等享用大气环境资源、清洁大气环境而不遭受资源限制和不利大气环境伤害的权利；其二，享用大气环境资源权利与承担大气环境保护义务的统一性。从性质上看，大气生态正义可分为程序意义上的正义、地理意义上的正义和社会意义上的正义。程序意义上的大气生态正义强调同等待遇问题，即国际、国内大气生态公约、法规、制度应当是普遍适用的，每个国家、地区、个人在涉及与自己相关的大气生态环境事务时，都享有知情权和参与权，此即大气生态利益的分配正义。地理意义上的大气生态正义强调在大气生态环境问题上付出与所得是对等的，即容纳碳废弃物的地方应该从产生碳废弃物的地方得到补偿，此为大气生态利益的补偿正义。社会意义上的大气生态正义强调在整个社会中保障个人或群体应得大气生态权益的重要性，即不同国家、民族、团体、群体承受大气生态风险的比例相当，此乃实质正义。从时空上看，大气生态正义包括大气生态种际正义、大气生态代际正义、大气生态代内正义。大气生态种际正义是指人与大气生态之间保持适度、适当的开发与保护关系，保持人与大气生态之间的协调关系，既不能为了人的利益而破坏大气生态的持续存在，也不能因为保护大气生态而置人于死地，这也是大气生态伦理的主要内涵。大气生态代际正义是指当代人与后代人在利用大气环境资源问题上应保持恰当的比例，既不能为了当代人的利益过度利用大气环境资源而使后代人无大气环境资源可用，破坏甚至毁灭他们的生存基础，也不能为了子孙后代的需要而使当代人忍看眼前的大气环境资源弃而不用，自绝生存。当然，当今世界所面临的正义问题更多的是前者而不是后者。大气生态代内正义是指在同一时空下享用大气环境资源的权利与保护大气生态环境的义务的对应，既不能只享用或多享用大气环境资源而少尽或不尽保护大气生态环境的义务，也不能只尽保护大气生态环境的义务而少享用大气环境资源；不能不顾大气生态环境主体的经济状况、文化传统、价值观念、社会心理等特质沿用千篇一律的伦理模式，也不能借口特殊性而不着眼于全球大气生态环境的共同好转，甚至损害人类共同利益。其中主要涉及发展中国家与发达国家之间的国际正义、后发民族与先发民族之间的族际正义、落后地区与发达地区之间的域际正义、弱势群体与强势群体之间的群际正义，而发展中国家与发达国家之间的国际正义是主要矛盾。因此，低碳生活实际上牵涉了大气生态利益的分配正义、大气生态利益的补偿正义、大气生态种际正义、大气生态代际正义和大气生态代内正义，它的构建是以大气生态环境的使用、保护主体间的平等与公正为基础的。

二、生态消费：低碳生活的伦理诉求

生态化的消费方式是低碳生活的本质要求。如前所述，高碳危机作为低碳生活的反思对象首先指向人与大气生态环境关系的恶化，其次才指向人与大气生态环境关系的恶化所导致的人与人之间的博弈、冲突、矛盾和纷争。从表面上看，高碳危机所导致的人与人之间的不正义是由人与自然之间的不正义所引发的，但实质上恰恰相反，人与大气生态环境之间的不正义最先是由人的不正义所引起的。人在大气生态环境方面的不正义主要表现为人在日常生活中把消费主义奉为圭臬，在过度开发、利用碳资源、碳能量的同时排放大量的碳废弃物，造成了大气生态系统的恶化与失调。人的不正义导致了人与大气生态环境之间的不正义，从而引发人与人之间不正义。因此，人与大气生态环境关系的不和谐仅仅是人的不正义的表征，实现人的正义才是解决人与大气生态环境之间的不正义的根本。

低碳生活倡导人们在日常生活中从自己力所能及的事做起，控制或者注意个人的二氧化碳排放量，究其实质就是让人们走出消费主义的泥沼，养成生态化的消费方式。所谓生态化的消费方式，是指对自然生态结构、功能无害（或较少有害）的消费方式，它是在满足人的基本生存和发展需要的基础上、以维护自然生态系统的平衡为前提的一种可持续的消费方式[①]。

生态化消费方式的核心是实现可持续消费。所谓的"可持续消费"是指"提供服务以及相关的产品以满足人类的基本需求，提高生活质量，同时使自然资源和有毒材料的使用量最少，使服务或产品的生命周期中所产生的废物和污染物最少，从而不危及后代的需求"。1994年，联合国在挪威奥斯陆召开的"可持续消费专题研讨会"上指出，"对于可持续消费，不能孤立地理解和对待，它连接从原料提取及预处理、制造、产品生命周期以及影响产品购买、使用、最终处置诸因素等整个连续环节中的所有组成部分，而其中每一个环节的环境影响又是多方面的"。由定义可知，可持续消费包括消费的可持续性和消费的发展性两层内涵。消费的可持续性不仅要求当代人满足消费发展需要时不能超过生态环境的承载力，而且强调生态环境的使用、保护主体在消费上的平等与公正。消费的发展性则明确指出保护生态环境是以人与自然的可持续发展为前提的，人类不能因为只看到传统经济增长方式可能带来或已经带来的危害，却看不到健康消费对于人和自然的积极价值而停止发展、停滞消费。上述两层含义告诉我们：人与自然是一个和谐统一的整体，人和自然都是目的，人类既不能只以自身的发展、消费为唯一目标而把生态环境当作手段或者将其视为敌对的"他者"，也不能只保护生态环境而自甘滑落到不发展、不消费的"零增长"境地，实现人与自然的和谐、长存与共荣才是可持续消费的题中应有之义。

可持续消费由绿色消费和适度消费两个维度构成，前者是针对消费的性质而言，后者则是针对消费的程度而言。绿色消费是低碳生活的本质要求。绿色消费是指选购绿色产品、减少

---

① 曾建平. 消费方式生态化的价值诉求［J］. 伦理学研究，2010（5）：89-94.

生活垃圾、符合生态要求的消费方式。"危害到消费者和他人健康的商品；在生产、使用和丢弃时，造成大量资源消耗的商品；因过度包装，超过商品物值或过短的生命期而造成不必要消费的商品；使用出自稀有动物或自然资源的商品；含有对动物残酷或不必要的剥夺而生产的商品；对其他国家，尤其是发展中国家有不利影响的商品"，均不属于绿色消费的对象，因此也是低碳生活构建过程中要避免的消费对象。绿色消费不仅要求消费对象是绿色的（节约、防污染和健康的），还要求消费的观念、行为、方式和过程以及结果的"绿色化"。①

绿色消费之所以是低碳生活在消费本质上的要求，是因为绿色消费合乎低碳生活的人的目的性维度。高碳消费在很大程度上是一种非生态消费，非生态消费把本来是为了人的幸福的消费异化为纯粹为了获得身份差异和社会认同的手段，从而造就了一个无穷的欲望序列，以物（财富）的价值替代了人的价值，以物欲的满足替代了人的幸福。绿色消费是对高碳消费所带来的非生态消费不以人为目的的匡正。它"从维护人类社会长远发展的观点出发，坚持消费领域的可持续性，以过简朴和健康的生活为目标，在物质消费中偏爱'绿色产品'，在选购商品时宁肯多花点儿钱也乐意买绿色产品，也就是说，消费者从关心和维护个人生命安全、身体健康、生态环境、人类社会的持续发展出发，试图以自己强烈的环境意识对市场形成一股巨大的环保压力，以此引导企业生产和制造符合环境标准的产品，促进环境保护，以实现人与环境和谐演进的目标"②，"它不再以物质、财富的无限占有和消耗为目标，不再把消费数量作为个人价值和人生目的的标志，而是把对环境的保护、对社会的责任作为个人价值和人生的标准，自觉地把自身的消费行为纳入整个生态系统之中，积极促进生态系统的良性循环，维护生态平衡。在消费中坚持人的价值，以满足生存、保持健康为目的，尽可能地减少自己消费活动对生态环境的影响和破坏，追求人和自然的和谐相处。因此，绿色消费蕴含着一种生态意识，主动放弃了无节制的物质欲望，理性地根据生活需要进行消费，它把对自然的义务、敬重意识和生态意识与自我约束的理念融为一体，充分体现了消费者的目的性。"③

绿色消费之所以是低碳生活在消费本质上的要求，还因为绿色消费合乎低碳生活的自然的生态性维度。"人靠自然界生活"④，人类一方面从自然中获取消费所需要的资源，另一方面将消耗后的废弃物复归于自然。自然既是消费的起点也是其终点，人的消费不能离开自然而存在。从消费的起点来看，一切消费都以自然界的存在为前提，自然是人类消费所需资源的供给者。随着生产力水平的提高和工业革命后技术理性的高扬，人类从自然界中获取资源的

---

① 包庆德，张燕．关于绿色消费的生态哲学思考［J］．自然辩证法研究，2004（2）：4-7，28.

② 曾建平．环境正义——发展中国家环境伦理问题探究［M］．济南：山东人民出版社，2007：255.

③ 曾建平．消费方式生态化的价值诉求［J］．伦理学研究，2010（5）：89-94.

④ 马克思，恩格斯．马克思恩格斯全集（第42卷）［M］．北京：人民出版社，1979：95.

能力日益增强，人们已经不再满足于传统的生存需要，而逐渐热衷于发展需要和欲望需要的满足，消费主义观念在日常生活中逐渐蔓延。消费主义"把超过基本需求的欲望满足作为消费动机，并视其为人生的根本目的和体现人生价值的核心尺度，以消费更多的社会商品和占有更多的社会财富作为人生成功的标签和幸福的象征，进而在实际的生产生活中无所顾忌、毫无节制地消耗物质财富和自然资源"①，从而导致了消费规模扩大。大规模的消费一方面需要从自然界中攫取更多的资源，另一方面会向自然界排放大量的废弃物，不仅造成了自然资源的匮乏，还导致了自然生态系统的紊乱、失调和恶化。从消费的终点来看，正是由于人类从自然界中攫取的大量资源超过了自然的承载能力，同时向自然界排放大量的、自然无法消解的垃圾超越了自然的自净能力，从而使自然不再自然。与此相反，绿色消费以人与自然的和谐、可持续发展为旨归，以选择绿色产品为出发点，主张消费观念、方式、过程、结果的"绿色化"，不但从根源上降低了对大自然中资源的消耗，减轻了自然的承载能力，而且从过程和结果方面避免了废弃物的排放和污染，从而维护自然的自净能力。因此，如果说高碳消费以及非生态消费是使自然不成其为自然的"催化剂"，那么绿色消费则是使不"自然"的自然成其为真正自然的"还原剂"。

适度消费是低碳生活在消费程度上的要求。何为"适度"学界并无定论，在通常情况下，适度消费表征的是一种理念，它是相对于过度消费和消费不足而言的。过度消费是指满足人类基本生存需要以外的超过自然生产能力的消费②，而"消费不足是指消费不能满足人的基本生存需要的状况"。③过度消费在日常生活中主要有三种类型：超前性消费、挥霍性消费和畸形消费。超前性消费在日常生活中集中表现为，着眼于现在，在"利益最大化原则"的指导下，当代人消耗了下几代人的能量和资源，污染了下几代人赖以生存的自然生态环境；挥霍性消费不是以满足基本需要为目标而是通过炫耀的方式大量消耗自然资源以获得虚荣心理满足的一种消费方式；畸形消费则是极少数暴富且素质低下的人所采取的一种非理智的反常消费。不管是超前性消费、挥霍性消费相对还是畸形消费，其最终结果都造成了自然资源的浪费和生态环境的污染、恶化。与过度消费相对的另一个极端——消费不足也会造成自然生态环境的破坏。消费不足通常是贫困的表征，贫困威胁着人的生存，不但会造成人们对环保漠不关心，而且促使人们去破坏环境④。从环境学的角度来看，适度消费是指消费活动必须与自然环境相协调。消费涉及从环境中攫取资源以及攫取资源的方式，同时涉及向环境中

---

① 毛勒堂.消费正义：建设节约型社会的伦理之维[J].毛泽东邓小平理论研究，2006（4）：61-65，88-89.
② 王丰年，季通.从生态学的角度考察过度消费[J].自然辩证法研究，2002（4）：65-67，77.
③ 曾建平.消费方式生态化的价值诉求[J].伦理学研究，2010（5）：89-94.
④ 李桂梅.可持续发展与适度消费的伦理思考[J].求索，2001（1）：78-81.

排放废弃物。无论是过度消费还是消费不足都会增加对资源的压力，都会对环境造成很大破坏。因此，人类应该进行适度消费，以缓和人与环境资源的紧张关系，保持人类消费与环境供给和恢复能力的协调，这也是低碳生活在消费程度上所要求的。

三、生态良知：低碳生活的伦理保障

生态化的消费方式是低碳生活的伦理诉求，然而生态化的消费方式如何养成呢？方法不外乎两种：其一，依靠他律被养成，例如国家通过出台低碳法律、法规、政策强制执行；其二，通过自律养成。不管自律还是他律，其目的都是培养人的生态良知。一个人只有具备生态良知才可能养成生态化的消费方式，也才可能践行低碳生活理念。生态良知是指人类自觉地把自己当作自然生态环境中的一员，把自身的行为纳入自然的整体活动之中，在此基础上形成的一种维持人与自然生态环境和谐发展的深刻责任感和对自身行为进行生态环境意义评价的能力。生态良知不仅是可能的，还是构建低碳生活所必需的。

生态良知是可能的，原因在于自然生态本身具有系统价值，而作为自然生态系统中最具有内在价值的存在者——人，本身具有理性，能够认识到这种价值。自然生态有三种价值：内在价值、工具价值和系统价值。内在价值是指主体的心理兴趣的满足，这种满足本身就是可欲的，是某种内在的优秀品质。工具价值是某种有利于其他兴趣的满足的东西。客观事物，无论是否有生命，都具有工具价值，有助于主体的兴趣的满足。自然生态系统是一个由内在价值之经和工具价值之纬共同编织的网。尽管内在价值和工具价值是自然生态系统不可或缺的构成，但二者并不是最重要的。因为"自然系统的创造性是价值之母，大自然的所有创造物，只有在它们是自然创造性的实现的意义上，才是有价值的。……凡存在自发创造的地方，就存在着价值"。[①]"在生态系统层面，我们面对的不再是工具价值，尽管作为生命之源，生态系统具有工具价值的属性。我们面对的也不是内在价值，尽管生态系统为了它自身的缘故而护卫某些完整的生命形式。我们已接触到了某种需要用第三个术语——系统价值（systemic value）来描述的事物"[②]。自然生态的系统价值才是最高的价值，它是对自然生态的工具价值和内在价值的超越。

人的内在价值尽管是自然生态环境中最高的，但不可能高过自然生态的系统价值，因为

---

① 霍尔姆斯·罗尔斯顿.环境伦理学：大自然的价值以及人对大自然的义务[M].杨通进,译.北京:中国社会科学出版社,2000:199.

② 霍尔姆斯·罗尔斯顿.环境伦理学：大自然的价值以及人对大自然的义务[M].杨通进,译.北京:中国社会科学出版社,2000:188.

人只是自然生态系统的作品，人的内在价值并不是其利益优先于其他存在物利益的根据。自然生态的系统价值要求我们"既对那些被创造出来作为生态系统中的内在价值之放置点的动物个体和植物个体负有义务，也对这个设计与保护、再造与改变着生物共同体中的所有成员的生态系统负有义务"。①认识到自然生态的系统价值及其重要性是培养生态良知的前提。然而，客观存在的自然生态的系统价值并不必然导致人的生态良知，生态良知的产生还在于作为自然生态系统的作品的人具有理性和情感。人是理性存在者，人的理性可分为科学理性与道德理性。科学理性是告诉我们依靠人自身的能力可以采用何种方式来发掘利用自然生态环境以及其中的能量、资源为人的生存、发展服务，其结果是科学的发现、技术的发明、物质的繁荣、消费的活跃；道德理性则是告诉我们根据人之所以为人应该做什么，即如何在自然生态系统中妥当处理人的内在价值与工具价值之间的关系、人与其他自然存在物之间的关系。因此，人类凭借理性不但可以认识到人在自然生态系统中的位置，认识到自然生态的系统价值对于人的重要性，而且能够将这种认识上升为对自然生态的情感，最后作为意志贯彻落实到具体的生活实践中。因此，人的理性是生态良知之所以产生的关键。

生态良知不仅是可能的还是构建低碳生活所必需的。首先，生态良知具有普遍性，有助于低碳生活的普及推广。一只燕子并不代表春天的到来，同理，一个人过低碳生活并不能扭转全球气候变暖的现状，只有全人类都采用低碳生活模式，全民共同参与、持续参与，高碳危机才能从根本上得到解决。低碳不仅关乎个体的生活，还关涉全人类的生存与延续，因此，低碳生活需要在世界范围内推广普及，需要全人类的共同参与。然而，低碳生活能够在全人类中推广普及吗？答案是肯定的，因为人皆有生态良知。如前所述，所谓的生态良知就是维持人与自然和谐发展的深刻责任感和对自身行为进行生态环境意义评价的能力，这种责任和能力是在人运用理性认识自然生态的系统价值的基础上形成的，人是理性存在者，并且是自然生态系统中具有最高内在价值的存在者，因此人都能够养成生态良知。反之而言，生态良知对所有的理性存在者都有效，亦即生态良知对于一个人来说是应当的东西，在类似的情况下，对于其他任何人来说也都是应当的。因此，生态良知作为康德意义上的法则是可普遍化的。

其次，生态良知作为人在生态环境意义上的道德自觉，可以弥补低碳生活构建过程中政府强制措施和技术手段的不足。众所周知，低碳生活已成为时下风靡全球的新兴生活方式，许多国家和地区采取了一系列的措施和方法进行推广。例如，英国政府提出到2016年所有新建住宅全面实现零碳排放；日本政府在"低碳社会行动计划"中提出，在未来3～5年将

---

① 霍尔姆斯·罗尔斯顿.环境伦理学：大自然的价值以及人对大自然的义务[M].杨通进,译.北京:中国社会科学出版社，2000：12.

家用太阳能发电系统的成本减少一半；德国政府计划每年拨款7亿欧元用于现有民用建筑的节能改造，另外，还有2亿欧元用于地方设施改造，目的是充分挖掘建筑以及公共设施的节能潜力……各国所采取的措施尽管取得了一定的成效，但并没有使人们从根本上树立起保护自然生态环境的低碳意识，原因在于外在的强制措施或者技术性手段并不能让人们从内心深处树立起低碳生活的自律意识，这种自律意识是人的生态良知的集中体现。生态良知可以促使人们自觉地践行低碳生活理念，但政府强制措施和技术手段却不能。因此，前者可以弥补后者的不足。另外，政府采用强制措施和技术手段推广低碳生活模式需要较高的成本，而生态良知可以内化为个人的生活自律，它不需要外在的监督和惩罚，因此与外在的手段和方式相比，生态良知在低碳生活的构建中具有得天独厚的优势。

生态良知不仅是可能的，还是低碳生活构建所必需的，那么如何才能养成生态良知呢？关键要靠个体自己。

其一，要学习、了解自然生态知识，认识到自然生态系统之于人的重要性。生态良知是建立在对自然生态系统充分了解的基础上的，一个不具备自然生态知识的人固然能作出有利于低碳生活构建的事，但他可能仅是出于本能的自利而非责任的自律和自觉。因此，学习、了解自然生态知识是培养人的生态良知的前提。学习、了解自然生态系统的关键在于牢固树立如下观念：人是自然生态系统的作品，人与自然生态是统一的，人依赖于自然生态而存在，若人类毁坏了自然生态系统，那么自然生态系统也终将毁灭人类。

其二，要树立健康的消费观，并将其贯彻落实到生活小事中，养成勤俭节约、简单朴素、自觉自律、持之以恒的生活习惯。生态良知是后天培育的，生态良知的培育和低碳生活的构建都要求人们在日常生活中树立健康的消费观，从自己做起，从身边的点滴小事做起。健康的消费观亦即可持续的消费观。可持续的消费观要求我们在观念上，一方面抵御物质主义和消费主义的侵袭，另一方面避免陷入不消费、"零增长"的误区；要求在生活实践中从衣、食、住、行等生活小事着手，养成勤俭节约、简单朴素、自觉自律、持之以恒的生活习惯。例如，衣服用手洗代替机洗、就餐少用或不用一次性筷子和饭盒、住房选用环保节能的建筑材料、出行多走路少开车、购物自带环保袋等。上述小事皆举手之劳，其关键在于持之以恒。

总之，促使人们形成生态良知是一项艰难的、复杂的工作，需要从观念和行动上下功夫，只有这样，才可能培养起人们的生态良知，也才可能从根本上为低碳生活的构建提供伦理保障。

论生态文明的日常生活化

生态文明（ecological civilization）是一种正在生成和发展的文明范式，是继工业文明之后，人类文明发展的又一个高级阶段[①]。它是人类在改造自然的过程中为实现人与自然的和谐发展所做的全部努力和所取得的全部成果，表征着人与自然相互关系的进步状态[②]。作为实现美丽中国梦的"阿基米德点"，生态文明将通过自身强大的理论解释力、实践指引力和生活渗透力强有力地支撑起撬动社会变革与历史进步的伟大杠杆，从而开启新的时代。它不但是国家和政府面向未来所提出的高屋建瓴的治理理论，而且理应转化为直接关系人民群众切身利益的实实在在的自觉实践，更应该成为一种人人能参与、人人能受益的美好的生活状态。因此，在时代变革与历史进步的呼声中，如何把抽象而宏阔的生态文明理论落实为具体且细致的日常化生态实践，把生态文明的基本精神理念渗透和融合到衣食住行等方方面面，就成为政治家、学者和人民群众所共同关心的话题，这也是生态文明的日常生活化所试图且必须解决的问题。

一、何为生态文明的日常生活化

对生态文明日常生活化的理解是建立在准确地把握"生态文明"与"日常生活"这两个概念内涵的基础上的。日常生活是相对于非日常生活而言的。关于日常生活，胡塞尔、阿格妮丝·赫勒以及国内相关学者已经进行了深入的探究并作出了清晰的界定[③]，结合已有探究我们可以看出，日常生活是指"人的社会生活视野之外的个体生活实践，是最接近于人的本真存在的自在自发的存在方式和对象化形式，是一切人类文化与文明的源头活水，对于其他存在方式具有前提性和先在性"[④]；而非日常生活是指"处于人的个体生活视野之外的社会生活实践，是人类自为自觉的超越性的存在方式和对象化形式，是人的升华后的存在形态"[⑤]。按照日常生活与非日常生活的上述界定以及各自的内容分层，我们可以作出如下判断：生态文明作为人类所追求的超越化、反思性的生态世界图景、思维方式、价值理念、文明形式和生活样态的总括，是全人类实践智慧的结晶，就其一般内涵以及类本质特征而言，它属于非

① 杨通进.能够拯救人类的上帝——生态文明［J］.生态文化，2007（6）：21-24.
② 李景源，杨通进，余涌.论生态文明［N］.光明日报，2004-04-30（A1）.
③ 胡塞尔.欧洲科学危机和超验现象学［M］.张庆熊，译.上海：上海译文出版社，1988：58-81；阿格妮丝·赫勒.日常生活［M］.衣俊卿，译.重庆：重庆出版社，1990：3-126.
④ 邹广文，常晋芳.日常的非日常化与非日常的日常化［J］.求是学刊，1997（1）：4-9.
⑤ 邹广文，常晋芳.日常的非日常化与非日常的日常化［J］.求是学刊，1997（1）：4-9.

日常生活领域。生态文明的日常生活化在形式上是非日常生活的日常生活化以及类本质的个体化。作为一种全新的理论样式和更高的文明形态，生态文明所标识的理想世界并不是自动生成的，它需要栖居于生活世界之中的所有个体的共同努力——日常生活化的生态实践；需要把非日常生活领域的生态价值理念转化为具体的日常行为实践。生态文明如果仅停留在理论、理念层面，漂浮于精神世界之中，不通过具体实践对象化到日常生活里，那么，这种生态文明就是被阉割了实践根茎的不完整的文明。因此，空谈理论，徒有理念是远远不够的。只有走出"灰色的理念世界"，走下冰冷的"理论圣坛"，进入"寻常百姓家"，并全方位融入人民群众的日常生活之中，生态文明才能发挥出应有的实践指导作用和价值引领功能，也才能因此获得长久的生命力和取得完整的存在形态。生态文明的日常生活化正是遵循这样的逻辑——"从理论到实践，从理念到行为，从国家政府的宏观治理到人民群众日常生活的方方面面"提出来的。这也正是当下中国大力推进生态文明建设的基本要求和必然走势。党的十八大报告中已明确提出："面对资源约束趋紧、环境污染严重、生态系统退化的严峻形势，必须树立尊重自然、顺应自然、保护自然的生态文明理念，把生态文明建设放在突出地位，融入经济建设、政治建设、文化建设、社会建设各方面和全过程。"①其中包含了两层含义：其一，生态文明建设和经济建设、政治建设、文化建设、社会建设一样重要，是中国特色社会主义"五位一体"总体建设布局的重要组成部分；其二，生态文明建设是通过对经济建设、政治建设、文化建设、社会建设的全面渗透和全过程融入来实现的，这已经包含了生态文明日常生活化的要求，因为一切通常意义上的社会活动——经济建设、政治建设、文化建设、社会建设等最终都需要个体来完成，并且都需要以日常生活为活动场域和存在基础。因此，生态文明理念对上述社会活动的各个方面的渗透以及全过程的融入，究其实质就是对人民群众日常生活的全方位、立体化融入，亦即生态文明的日常生活化。遗憾的是，学术界对此尚且无人进行深入挖掘和探究，与推进生态文明建设的政策理论宣传、制度规范设计、古今中外经验借鉴等所掀起的学术喧嚣形成鲜明对比，生态文明的日常生活化至今还是未经开垦的理论盲区。

尽管生态文明的日常生活化尚且无人探究，也没有一个现成的定义，但通过总结散落在各种论著中的只言片语以及顾名思义似的联想②，我们还是能够大致把握其基本内涵。生态文明的日常生活化从字面上理解至少包括两个方面的内容：生态文明的日常化与生态文明的

---

① 坚定不移沿着中国特色社会主义道路前进 为全面建成小康社会而奋斗 [N]. 人民日报，2012-11-09（2）.

② 诸大建. 生态文明：需要深入勘探的学术疆域——深化生态文明研究的10个思考 [J]. 探索与争鸣，2008（6）：5-11；陈红兵. 生活方式与生态文明建设——兼论佛教生活方式的生态价值 [J]. 南京林业大学学报（人文社会科学版），2008（3）：129-133；樊小贤. 用生态文明引导生活方式的变革 [J]. 理论导刊，2005（10）：25-27；方世南. 生态文明与现代生活方式的科学建构 [J]. 学术研究，2003（7）：50-55.

生活化。

生态文明的日常化是指日常生活主体——人民群众通过全方位、不间断的生态实践使生态文明的基本精神理念固化为日常行为活动规范和评价准则的过程。"日常"（everyday）包含着时间维度，在实践意义上，日常生活既涉及个体持久性的行为，也包括占据个体日常时间的一切活动。生态文明的日常化不仅意味着生态文明的基本精神理念要全面地渗透到个体的一切活动之中，还意味着内聚生态文明精神理念的个体活动要具有持久性。亦即，在日常生活领域进行全方位、不间断的生态实践。全方位、不间断的日常生态实践仅仅是生态文明日常化的重要手段，其根本目的是使生态文明的基本精神理念与日常行为活动融为一体，并凝固在日常行为规范之中，以稳定的形态自然而然地被人们引用。对于个体而言，生态文明的日常化是一个行为活动对生态文明精神理念从有意识地勉强迁就、不自觉地被迫遵循，到无意识地自然展露、发自内心地主动引用的过程，这也是个体内化生态文明理念，从而完成生态社会化的必经过程。对于共同体而言，生态文明的日常化意味着人们的日常行为活动从不一定具有生态文明精神理念的、无章可循的自发状态，进入了已经深切领悟到生态文明精神理念内涵的、有规矩可依的自由状态。因此，生态文明的日常化也是共同体从没有保护生态环境的意识到达成保护生态环境的共识，并将其固化为共同体日常行为规范和行为评价准则的过程。不管是个体还是共同体，生态文明精神理念的"日用而不知"都是生态文明日常化所要达到的最高境界，这也是全面实现生态文明的重要表征。如果日常生活中的个体或者共同体中的每一个成员都能够在举手投足之间不经意地表露出生态文明的基本精神理念，那么，我们无疑已经进入了实现高度生态文明的时代。

与生态文明的日常化相对应，生态文明的生活化是生态文明日常生活化的另一个重要方面，它是指通过开展和参与贴近生活的、人性化的生态实践活动使生态文明的基本精神理念逐步内化为日常生活主体之生态人格的过程。贴近生活的、人性化的生态实践活动仅仅是生态文明生活化的重要载体。活动形式的生活化和人性化的根本目的是激发人民群众的参与兴趣和实践热情，使其积极主动地投身到日常生态实践中，以此逐步养成生态人格。何为生态人格？既符合生态建设需要又能满足人类自身自由全面发展需求的人格，即为生态人格，它是个体人格的生态规定性，是伴随着人类对人与自然关系的反思以及生态文明的发展、基于对人与自然的真实关系的把握和认识而形成的作为生态主体的人的资格、规格和品格的统一，是生态主体存在过程中的尊严、责任和价值的集合[①]。与日常化所要求的行为规范的统一性、稳定性以及实践活动的反复性有所不同，生活化主要体现了行为活动的人道化、多样

---

① 彭立威.论生态人格——生态文明的人格目标诉求［J］.教育研究，2012，33（9）：21-26.

化、个性化、灵活化和通俗化。正因如此，具有生活化特征的生态实践活动不但能使生态文明的基本精神理念渗透并融合到日常生活的方方面面，而且能够使之被最广大的人民群众以最喜闻乐见的形式接受，从而在广泛的精神理念传播与深入的行为活动参与中使人民群众逐步养成生态人格。生态人格的养成标志着一个人完成了生态社会化，并且具备了成长为生态公民的基本条件[①]。

生态文明的日常化和生活化，前者侧重于蕴含生态文明精神理念的日常行为规范的强化和日常行为评价准则的确立，后者则从生态实践活动本身出发，侧重于日常行为主体之生态人格的养成。尽管侧重点各不相同，但二者殊途同归：都是为了使生态文明的基本精神理念在日常生活中得到全面的贯彻落实，并使其成为日常生活的有机组成部分。在具体的实践情境中，二者也是相辅相成的。日常行为主体之生态人格的养成离不开生态文明的日常化，生态文明的日常化也需要借助人道化、多样化、个性化、灵活化和通俗化的生态实践活动才能达成。可以说，在具体的实践情境中，生态文明的日常化和生活化是不分彼此的，做如上区分仅是为了方便把握其各自的内涵。

在了解生态文明的日常化、生活化的各自内涵以及二者关系的基础上，我们尝试着对生态文明的日常生活化进行界定：所谓生态文明的日常生活化是指日常生活主体——人民群众通过全方位、不间断的生态实践，使生态文明的基本精神理念固化为日常行为规范和评价准则，并以此逐步养成生态人格，最终促使生态文明的基本精神理念全面贯彻落实到日常生活之中并成为其有机组成部分的过程。

二、生态文明为何要日常生活化

倘若足够细心，我们可能会发现：诸多非日常生活领域中的棘手问题，通过日常生活化的方式往往就能迎刃而解。同样，作为非口常生活领域的生态文明的日常生活化也能帮助我们解决大力推进生态文明建设过程中所遇到的诸多难题，比如，广大人民群众生活方式的转变、生态意识及其思维方式的养成等。仅凭直觉我们能够感受到生态文明的日常生活化能给国家、社会以及人民群众带来实惠和福祉，但是通过理性的反思我们却又难以讲明生态文明为何要日常生活化。为了更好地回答这个问题，我们需要对生态文明理念的产生泉源及形成方式、日常生活所具有的天然优势进行深入考察。考察生态文明理念的形成、日常生活所具有的天然优势，目的是探究生态文明日常生活化是否必要以及何以可能。通过生态文明日常

---

① 杨通进. 生态公民论纲 [J]. 南京林业大学学报（人文社会科学版），2008（3）：13-19.

生活化是否必要的探究，我们希望对生态文明为何要日常生活化作出更加令人信服的回答。

生态文明所蕴含的基本精神理念形成于人民群众的日常生活实践。人民群众的生活除了日常部分之外，还包括社会物质生产、知识生产等非日常部分。现实生活中每个人也都有可能超越日常生活而进入非日常生活领域，但任何人都不可能完全脱离日常生活，因为"人自身之'在'，总是与日常生活息息相关；离开了日常生活，人的其他一切活动便无从展开"①。可以说，非日常生活是建立在日常生活基础之上的，不存在不以日常生活为基础的非日常生活。因此，生态文明所蕴含的人与自然和谐共处，尊重自然、顺应自然、保护自然等基本精神理念无疑也植根于日常生活实践，作为一个非日常生活范畴，它是对人民群众在处理人与自然关系过程中所积累的诸多实践经验的凝练化、系统化和理论化。众所周知，人类的日常实践依次跨越了手工工具时代，蒸汽、电气化时代和信息化时代，相应地，人与自然的关系也经历了由原始的和谐到相互对抗，再到更高水平的和谐这样一个"肯定—否定—否定之否定"的辩证发展过程。在这个过程中，人类对人与自然关系的认识也在日常生活实践中一步步走向成熟：从原始文明时期对自然的神化性崇拜和依附，到工业文明早期对自然的适应性改造和支配，以及工业文明后期对自然的大规模改造和主导，再到信息时代对人与自然关系的历史性反思。人类在征服自然的豪迈与大自然报复的血泪交替史中逐渐总结出了一个朴素的真理：人与自然要和谐相处，人类应该尊重自然、顺应自然并保护自然，这正是生态文明所蕴含的基本精神理念。这一理念的产生源泉及形成方式决定了它必须回归到丰富多彩的日常实践之中才能获得生命的活力，从而更好地发挥指引作用。然而，对于绝大多数人民群众而言，生态文明所蕴含的基本精神理念往往是抽象的，难以被直观地认识和把握。也正因如此，在现实生活中，有的人把它当成于己无关的外在律令，有的人则将其看成无关痛痒的宣传口号，这些现象在一定程度上反映了当下人民群众日常生活实践与生态文明建设存在一定程度的脱节。身处经济、社会高速发展的时代，高压力、快节奏的生活使人民群众在忙碌中无暇顾及和思索具有理论化、抽象性的生态文明精神理念。相反，人们更愿意在一种愉快的、轻松的和大众化的氛围中去感受和学习紧贴日常生活的、现成的社会规范和要求。因此，生态文明的基本精神理念必须回归到人民群众的日常生活中，紧扣人民群众的生活实际，反映人民群众的切身利益，才能从根本上发挥指引作用，从而有效避免生态文明建设过程中理论与实践、理念与行为"皮肉相离"乱象的蔓延。那么，如何才能让生态文明的基本精神理念回归到人民群众的日常生活实践中呢？生态文明的日常生活化就成为必然选择。

日常生活所呈现出的以"自然"与"人化"之"合"为特点的存在形态，可以有效地避

① 杨国荣.日常生活的本体论意义［J］.华东师范大学学报（哲学社会科学版），2003（2）：1-8，121.

免天人相分、主客对立所造成的生态危机。以"饮食男女"为典型的日常生活尽管具有行为上的因循守旧、观念上的思不出位等弊端①，但其本身也具有天然的优势。日常生活既包含"饥则食，渴则饮"的自然之维，也包含"赞天地之化育"的人化之维，日常生活的自然之维主要表征了大自然对人的基本生存欲望的满足，日常生活的人化之维则确证了人对自然的敬畏和对其规律的主动顺应。自然之维与人化之维在日常生活世界中是辩证统一的，这集中体现在男女关系上，对此马克思曾做过精辟的论述："这种关系通过感性的形式，作为一种显而易见的事实，表现出人的本质在何种程度上对人来说成为自然，或者自然在何种程度上成为人具有的本质。"②以饮食男女为显证，日常生活的自然之维和人化之维不但是辩证统一的，而且都把自然理解为内在的东西，并在顺应自然的基础上实施"人化"，这直接导致了人们在日常生活中"以理论的态度对待自然"而非"以实践的态度对待自然"③。在"以理论的态度对待自然"的前提下，自然性得到了充分彰显，"人化"也打上了自然的烙印。此外，在日常生活中，人们通常按照"常识"行事，"常识"作为日常观念，最初来源于原始巫术、图腾崇拜和远古神话等原始思维④，这种思维本身就饱含着人类对大自然的崇拜与敬畏。一般情况下，依"常识"而行并不会导致人与自然的严重对立与冲突。因此，基于日常生活两个维度的辩证统一以及"常识"对日常行为指导的生态性，我们可以看到，在日常生活领域中，人与自然处于总体和谐的状态。这或许也是以日常生活为主要内容的前工业文明社会之所以没有出现人与自然尖锐对立甚至出现生态危机的重要原因。当然，人的生存与发展并不仅仅局限于日常生活领域，随着生产力水平的不断提高，日常生活领域中的衣食住行等基本生存条件得到了极大的改善，人类已经不再满足于大自然对基本生存资料的恩赐，而是以征服者、支配者的姿态在工具理性的指引下对大自然进行无节制的索取。人与自然逐渐从"合"走向了"分"，从彼此互为主客发展为一方对另一方的绝对支配与肆意掠夺，人与自然的关系也从日常生活意义上的总体和谐逐渐蜕变为相互对立、彼此冲突，生态危机由此产生。反观人与自然关系的蜕变历程，反思生态危机的产生原因，我们渴望回归到日常生活中人与自然的和谐状态（"否定之否定"意义上的）。如何才能做到呢？生态文明的日常生活化成为人类基本诉求。

---

① 在生态文明建设过程中，如果能充分利用日常生活的特点，把人与自然和谐相处，尊重自然、顺应自然、保护自然等生态文明理念变成因循性的日常行为和不假思索的观念定式，那么，因循守旧、思不出位对于生态文明建设而言就不能称为疲敝。

② 马克思 .1844 年经济学哲学手稿［M］. 北京：人民出版社，1985：76.

③ 黑格尔 . 自然哲学［M］. 梁志学，等，译 . 北京：商务印书馆，1980：6-9.

④ 邹广文，常晋芳 . 日常的非日常化与非日常的日常化［J］. 求是学刊，1997（1）：4-9.

三、如何实现生态文明的日常生活化

生态文明的日常生活化不仅是人类的基本诉求，还是目前中国大力推进生态文明建设的必然走势和迫切要求，那么，如何才能实现呢？这就需要人民群众、国家政府以及社会各界（尤其是学术界）的共同努力。与之相应的，实现生态文明的日常生活化也应该从以下三个方面着手。

第一，培育具有实践理性的生态公民。人民群众是生态文明日常生活化当之无愧的、真正意义上的实施主体。生态文明日常生活化的实施效果如何以及最终能否实现，不仅取决于国家战略、政府政策的制定、实施是否贴近民生、反映民意，还取决于广大人民群众是否具备了基本的生态素养。因此，就实施主体而言，实现生态文明的日常生活化亟须培育具有实践理性的生态公民。具有实践理性的生态公民是指：具有生态人格且自觉致力于生态文明建设实践的现代公民。具有实践理性的生态公民起码需满足三个方面的要求：其一，已经养成了生态人格（具有生态意识、生态责任等）；其二，具有环境人权意识、世界主义意识且取得现代公民资格；其三，具有实践理性，亦即能够把已经养成的生态人格，所具有的环境人权意识、世界主义意识自觉地运用到具体的生态文明建设实践之中。具有实践理性的生态公民的培育须从两个方面努力：一方面，国家、政府要施行渗入式、制度化的教育；另一方面，具有实践理性的生态公民的养成需要国家和政府从全局着眼，以制度化的方式把"生态环境—道德伦理—公民权利"教育渗透到国民教育的方方面面，并落实到家庭教育、学校教育和社会教育中，从娃娃抓起，从幼儿园开始，从日常生活中的点滴实践做起。对此，国家、政府以及社会要为生态公民的培育创造环境：加大人、财、物等方面的投入；鼓励成立相关教育培训机构并予以政策支持；进行全方位、多样化的宣传；将生态公民的培育作为各级政府的基本职责并纳入绩效考评体系中。总之，我们应该打开思路、放开手脚，运用一切行之有效的制度措施和政策手段来培育具有实践理性的生态公民，将"生态环境—道德伦理—公民权利"教育固化为国民教育的基本内容，并将其作为推进生态文明建设的重要抓手。另外，公民个体要加强"生态环境—道德伦理—公民权利"的自我教育。国家、政府所施行的渗入式、制度化的教育最终要依靠公民个体的自我教育来落实。因此，公民个体在"生态环境—道德伦理—公民权利"方面的自我教育是培育生态公民的关键。公民个体在日常生活中不仅要树立生态环境的自我教育意识，积极主动地加强理论知识学习，还要通过具体的日常生活实践提高自身生态修养，塑造生态人格，树立环境人权意识、世界主义意识，培育实践理性，并自觉地付诸生态文明建设实践之中。概言之，一个人之所以能被称为有实践理性的生态公民，不仅是因为他（她）通过接受"生态环境—道德伦理—公民权利"教育或自我教育，具备了生态人格、公民意识等基本素养，更是因为他（她）能把上述已有的"储备"通过理性的方式运用到具体的日常生活实践中。

第二，在保证人民群众参与权的前提下，构建、制定日常生活化的生态文明建设制度、政策，并以人性化的方式和人民群众喜闻乐见的形式进行落实。生态文明理应成为人人能参与、人人能受益的全新的生活样态，因此在生态文明建设制度、政策的制定、落实视域下，生态文明的日常生活化的本质就是人民群众对日常生态实践的全面、深度参与。一切有关生态文明建设的国家制度、政策的制定、落实都应紧密围绕"人民群众是否能参与、人民群众是否乐意参与"展开。"人民群众是否能参与"不仅关乎人民群众对生态环境公共事务的参与权和利益表达权，还直接决定了生态文明建设制度、政策的科学性、合理性与可行性。"人民群众是否乐意参与"则反映了人民群众的参与意愿，这与人民群众的基本生态素养有关，也与生态文明建设制度、政策的制定、落实方式有关。在充分保证人民群众参与权与利益表达权的基础上，一项生态文明建设制度或政策是否能得到全面贯彻落实，是否能与人民群众的日常生活实现有效对接，其关键在于执行与落实的方式是否贴近生活、是否具有人性化，政策执行落实的手段及措施是否为人民群众所喜闻乐见。因此，制度、政策层面的生态文明的日常生活化须从两个方面入手：一方面，与生态文明建设相关的所有制度、政策从制定到落实，要能够保证人民群众的全过程参与；另一方面，在保证参与权的前提下，要充分考虑政策、制度的制定、落实方式及载体，所制定的生态文明建设制度、政策要紧贴人民群众的日常生活，同时要采用人性化的方式，以人民群众喜闻乐见的形式予以落实。这两个方面，前者是生态文明建设制度、政策"日常化"的前提，后者是其"生活化"的要求。只有同时满足了"日常化"前提和"生活化"要求，制度、政策层面生态文明的日常生活化才能见效。

第三，批判性地汲取中华传统文化中已有的生态营养，为实现生态文明的日常生活化提供可资借鉴的理念与经验。生态文明的日常生活化尽管是一个崭新的概念，但是它所指陈的事实或活动从人类诞生之时起就已经存在。因此，经过数百万年的历史文化积淀和实践经验累积，现代人在实现生态文明日常生活化方面并不缺乏可资借鉴的理念和经验，中国尤其如此。对此，有西方学者甚至认为，"中华文明作为一个整体，在受到西方的影响之前，确实包含了一种生态维度；而这种维度在西方只以只言片语的形式存在。因此，在古代中国的智慧中有许多资源可以帮助我们，在中国实现一种生态文明的可能性要大于西方——因为，与自然相疏离，这几乎充斥西方历史的所有文化里"。[①]对生态文明建设来说，中华传统文化是

---

① 小约翰·柯布，李义天.文明与生态文明[J].马克思主义与现实，2007（6）：18-22.

否比西方历史文化优越，我们不敢妄加评论，但不可否认的是，在中华传统文化中，的确富含着可供借鉴的宝贵资源。儒、道各家均提出了"天人合一"的思想。总体上来说，"天人合一"作为一种中国古代特有的哲学理念与思想智慧，以"中和位育"为其核心内涵，深刻包含了我国古人对于"天地人"三者关系的极富哲理的特定把握，蕴藏着丰富的生态思想资源，具体包括"太极化生"之生态存在论思想、"生生为易"之生态思维、"天人合德"之生态人文主义、"厚德载物"之大地伦理观念以及"大乐同和"之生态审美观[①]。"天人合一"所提供的生态思想资源虽然存在着一定的历史与时代局限，甚至有反科学的、迷信的色彩，但这并不足以否定其借鉴价值。在大力推进生态文明建设的时代背景下，中国古代的"天人合一"思想可以从宏观思维、个体理念及行为实践等角度为人与自然的和谐相处提供有效指导。除了儒以外，道家思想以及道教的修行方式也富含我们可资汲取的生态营养。道家提出了"道法自然"，认为天人一体；主张"尊道贵德"，肯定万物平等；认为"万物莫不有"，充分认识到了自然价值；以此为基础，提出：效法自然，无为而治；约养持生，崇俭抑奢；见素抱朴，少私寡欲；虚无恬淡，返璞归真[②]。对"术"（技术）持批判态度，主张"无以人灭天"（庄子）。与上述主张相承，道教在"内丹""外丹"的修炼中也规定了诸多戒律（如食素、不杀生、不纵欲等），提倡清心寡欲的生活方式。这些戒律及所提倡的生活方式严格遵循"道法自然""无欲无为"的理念，因此能为实现生态文明的日常生活化提供有益参考。值得引起重视的是，"知行合一"始终贯穿于以儒、道为主体的中华传统文化给我们提供的生态资源之中，这些资源不但是理论理念，而且本身就是修养实践方法（或生活方式），因此"知行合一"也是实现生态文明的日常生活化的过程中我们理应汲取的重要理念与经验。中华传统文化中生态营养的汲取主要是由学术界来推动的，对此，学者们理应在关注生态文明建设现状（主要是针对人民群众在日常生活中践行生态文明理念的现状及存在的问题做调查和探讨）的基础上，对传统文化进行仔细梳理，以批判的态度，吸收并转化其中的精华，以为当下服务。

至此，我们已能大致看出实现生态文明日常生活化的基本运思：从实施主体着手，培育具有实践理性的生态公民；从生态文明建设的制度、政策入手，保证人民群众的全面、深入参与；在充分汲取中华传统文化中的生态营养的基础上，实现"上"（国家治理或宏观理论层面）与"下"（个体行为或日常实践层面）的对接、交融，从而使生态文明的基本精神理念转化为人民群众（个体）的日常生活实践。

---

① 曾繁仁.中国古代"天人合一"思想与当代生态文化建设［J］.文史哲，2006（4）：5-11.
② 余谋昌.环境哲学：生态文明的理论基础［M］.北京：中国环境科学出版社，2010：21-56.

第二部分

精准扶贫感悟

"差异平等 —能力提升 —多元参与" 视域下的精准扶贫探析

贫困是全球性顽疾，脱贫致富是人类共同的理想。人类的发展史既是一部贫困现象的发生史，也是一部人类与贫困的持续抗争史。人类在向贫困开战的漫长时光旅程中，发明、创制了诸多充满实践智慧的反贫困"武器"——一系列的反贫困政策、制度与理论学说。"精准扶贫"作为其中一种就是中国对世界反贫困事业作出的重要贡献。精准扶贫政策作为一项中国全面建成小康社会以实现共同富裕奋斗目标的国家公共政策，到底基于何种价值预设？其关键抓手何在？应如何从制度上保障与推进该项政策的施行？这是所有与精准扶贫相关的人都高度关注的问题，也是实施精准扶贫过程中理应回答的问题。

一、差异性的平等：精准扶贫的价值预设

精准扶贫和公共政策一样，事实上都有价值预设。它需要对以下问题作出回应：整个政策活动究竟是围绕何种意图来安排和展开的？公共部门在规划和实施某项政策时究竟出于什么目的而下决心将一定量的人力、物力和财力资源配置起来？个体、群体以及整个社会、民族和国家在政策活动中究竟得到了什么？[①]换言之，基于何种价值考量，我们国家制定了精准扶贫政策？

精准扶贫是一种反贫困的公共政策，与其他扶贫政策类似，都以承认"贫困"是一种实质性的"恶"为前提，本身以"善"为价值目的，是一种善举。其一，基于国家共同体层面的"善"——国家利益的考量，制定并实施了包括精准扶贫政策在内的反贫困政策体系。直面我国"扶贫对象规模大，相对贫困问题凸显，返贫现象时有发生，贫困地区特别是集中连片特殊困难地区（以下简称连片特困地区）发展相对滞后，扶贫开发任务仍十分艰巨"的国情[②]。其二，基于社会成员的个体"善"——改善个人的基本权利和自由，以及群体"善"（尤其是处于贫困状态的困难群体维持基本生活的权利及自由），制定了囊括精准扶贫在内的能够体现正义价值理念的国家扶贫政策体系。这些扶贫的公共政策总体上符合约翰·罗尔斯所提出的"两个正义原则"：一方面，符合"自由原则"，认为在中国的反贫困语境中，穷人

---

① 严强.论公共政策的价值［J］.南京政治学院学报，2007，23（2）：55-59.
② 中共中央，国务院.中国农村扶贫开发纲要：2011—2020年［M］.北京：人民出版社，2011：5.

和富人一样，都拥有平等的自由权利，这属于人之为人所应享有的"基本善"，包括"权利、自由、机会、收入和财富等"①，每个社会成员追求人生理想和优雅幸福的生活都以此为基本条件。进言之，扶贫应该以最大限度地保障、改善、体现国民的"基本善"为前提和基础，从扶贫公共政策的制定、执行到最后的评估都应保障国民（无论是穷人还是富人）的"基本善"。另一方面，这些扶贫的公共政策以实现共同富裕为导向，是基于缩小贫富差距、改善国家总体福利的目标而制定和实施的，能够改善目前处于社会最不利状态、处于贫困线以下的困难群体的利益，在不损害其他群体的利益的前提下，实现国家利益的最大化。因此，按照罗尔斯的理论，包括精准扶贫在内的一系列反贫困公共政策本身是善的、正义的。

精准扶贫充分承认并尊重了客观存在的差异性，是对传统扶贫政策的矫正。众所周知，差异性普遍存在于自然界和人的生活世界之中，它客观存在，不以任何主体的意志为转移，因此，我们不能否认差异；与之相对，人类基于近代启蒙的自由、平等等理念的牵引竭尽所能地消除客观存在的差异性给共同体带来的种种负面效应。可以说，在承认和尊重差异的同时最大限度地消除差异性带来的疲敝以寻求一种相对的平等和正义成为人们孜孜以求的理想。这种理想的致思路径在扶贫领域得到了最明晰的体现。自然禀赋（包括地理区位、气候、物产、自然资源等）、个体素质（先天智力、体力等，后天受教育水平、价值观念、综合能力等）、民族历史文化、经济社会发展等差异的客观存在致使贫穷与富裕并存成为一种人们习以为常的社会现象。如何使深陷贫困泥沼中的个人或群体脱贫致富？如何缩小以至于消除客观存在的贫富差距？这是各个现代国家面临的共同问题，也是社会主义中国实现国家治理体系与治理能力现代化的题中应有之义。以2013年11月习近平到湖南湘西考察时首次作出"实事求是、因地制宜、分类指导、精准扶贫"的重要指示为时间节点，中国扶贫政策经历了由粗放型向集约型的重大转变，这得益于对贫困原因、对象、措施等差异性的深刻认知。传统粗放型扶贫政策建立在对贫困成因、对象等做粗线条宏观勾勒的基础上，例如在贫困居民底数不清、情况不明以及针对性不强、扶贫资金和项目指向不准的情况下，对扶贫对象进行外力型救济，"以解决贫困群体的物质贫困为目标，其治理机制重在从物质援助的制度输入上，对贫困群体实施确保其基本生活的经济救济"②，进行所谓的"大水漫灌"式的扶贫，尽管也有一定成效，但极大地浪费了扶贫开发资源，脱贫效果差，其因未对对象之自力型脱贫给予足够重视，在扼杀对象之脱贫自觉主动性的同时，反使扶贫对象对原有的扶贫政策形成了惰性依赖，使得"贫穷"成为获得救助资源的一种合法性资格，成为扶贫对象不愿意摆脱的状态。随着国家扶贫从"以解决温饱问题为主要任务的阶段"转入"巩固温饱成

① 约翰·罗尔斯.正义论［M］.何怀宏，等译.北京：中国社会科学出版社，2009：47-48.
② 张玉.在社会治理中实现精准扶贫［N］.光明日报，2016-05-08（6）.

果、加快脱贫致富、改善生态环境、提高发展能力、缩小发展差距的新阶段"，我们对扶贫各相关涵项之差异性的认知也越发深入。精准扶贫是对传统粗放型扶贫方式的一种反思性矫正，它是指针对不同贫困区域环境、不同贫困农户状况，运用科学有效程序对扶贫对象实施精确识别、精确帮扶、精确管理的一种治贫方式，主要体现在"扶持对象精准、项目安排精准、资金使用精准、措施到户精准、因村派人精准、脱贫成效精准"六个方面。精准扶贫政策的制定与实施充分承认并尊重了致贫原因、扶持对象等的差异性，集中体现了实事求是的作风和充分尊重客观规律的原则。

综上所述，精准扶贫在承认并尊重差异性的基础上谋求实质意义上的社会公平。从社会公平的角度来看，精准扶贫极大地促进了社会公平和正义。一方面，精准扶贫有利于起点公平。幸福生活是每一位国民的基本追求，但因为诸种差异的客观存在，人们对幸福生活追求的起点是不一样的，精准扶贫在承认和尊重差异的前提下，精准识别贫困者，通过外力扶持与自力更生，使之摆脱贫困状态，从而实现实质意义上的起点公平。另一方面，精准扶贫有利于机会公平。从自然资源和地理环境角度来看，相较于发达地区，贫困地区较为完整地保留了原始田园风光并拥有丰富的物产资源，只要加以开发，就可以从原来的粗放型经济转变为生态型经济。当然，这并不是说牺牲环境来发展经济，而是要精准地找到绿色的、可持续的发展途径，才能彻底改变贫困地区的落后面貌。

二、生计能力提升：精准扶贫的行动指南

随着学界对贫困成因认知的不断深入，人们越发意识到，所谓的贫困不仅是物质的匮乏，还是可持续生计能力的缺失。阿马蒂亚·森在《以自由看待发展》中就将贫困理解为因能力不足而导致的收入低下。

中国传统的扶贫方式主要注重"以工代赈""优惠贷款""项目扶持"等物质资本投入，而在一定程度上忽视了对扶贫对象可持续生计能力的开发。对贫困人口能力的开发是精准扶贫的重要使命。按照联合国开发计划署（UNDP）在1996年《人类发展报告》中的理解，贫困人口能力包括三个方面：基本生存能力，亦即获得营养与健康的能力；健康生育的能力；接受教育与获得知识的能力。事实上，现代社会中除了以上三种能力之外，经济发展能力（能够获得收入）、参与决策能力、合理利用资源的能力、社会认知能力、支配个人生活的能力等也直接影响人们的可持续生计。因此，那些能够直接影响人们可持续生计的能力，我们都把它们称为可持续生计能力，其内容非常广泛。

可持续生计能力的提升是精准扶贫的行动指南。对扶贫对象进行精准识别是提升其可持

续生计能力的前提，而提升扶贫对象的可持续生计能力尽管需要一个漫长的过程，而且成本极高，但它可以有效阻止脱贫后再次"返贫"。除此之外，外力救济式的扶贫治标但不治本，而有效提升扶贫对象的可持续生计能力可以从根源上消除贫困。

在精准扶贫过程中如何有效提升扶贫对象的可持续生计能力？

一方面，要保障和提升扶贫对象的基本生存能力。生存是发展的前提，劳动与健康是生存的前提。培训是提升扶贫对象劳动能力的重要方式，是开发劳动者潜能、提高劳动生产率最有效的办法，可根据每个劳动力自己预设的工作目标来确定培训科目，使之更好地与用工企业、与生产实践、与市场对接，培训须坚持因人制宜。疾病是致贫返贫的重要因素，在精准扶贫中注意发挥健康扶贫的作用，提升扶贫对象获得营养与健康的能力。由省、市、县三级财政共同出资，对贫困人口参加基本医疗保险个人缴费部分实行补助，并对各级财政的分担比例作出规定，确保全部贫困人口能够得到基本医疗保障。通过财政比例预算制加大对医疗救助的财政投入力度，适当扩大医疗救助资金的规模，将筹资机制和管理职能机制化，提高医疗救助"托底"能力。

另一方面，要提升扶贫对象的自我发展能力。自我发展能力可以分为两个层面、三个类别，即个人和家庭、企业、产业和区域的自我发展能力建设。其中，个人、家庭和企业属于微观层面，而产业和区域属于中观或宏观层面[①]。

个人和家庭是贫困的主要载体，也是扶贫攻坚实践中最基本的帮扶对象。对于个人而言，自我发展能力建设的关键是人力资本投资，即为贫困个体提供适宜的教育计划，包括义务教育、职业教育、技能培训、岗位培训以及大学教育支持等，以培育贫困个体的就业、创业等谋生能力，社会适应能力和积极健康的人生态度等。对于家庭而言，自我发展能力建设的关键是提升家庭的生计能力，实施可持续生计发展计划，即从生计资本、生计策略等方面实施干预，使贫困家庭具备获得可持续生计模式的能力。

企业和产业是贫困个体、家庭参与经济活动、获得收入来源的基本途径，也是贫困地区经济发展、财政收入来源的根本载体，其发展状况、发展能力直接决定了贫困个体、家庭的就业岗位和生计模式，也决定了贫困地区的发展潜力和减贫脱贫步伐。在企业自我发展能力建设方面，一是要支持做大做强龙头企业，使其具备较强的市场竞争能力、盈利能力，实现自我发展并带动相关配套企业的发展，持续稳定地吸纳规模就业；二是要鼓励创新创业，特别是面向穷人的创业、返乡农民工创业、农村创业和大学生创业等，通过"孵化园区"建设、政策支持和引导，形成浓厚的创业氛围，通过一大批中小企业的创业带动就业。产业自

---

① 冷志明，殷强．以自我发展能力建设巩固扶贫攻坚成果［N］．光明日报，2016-03-27（6）．

我发展能力建设的关键在于大力发展特色优势产业，健全产业链条，提升产业竞争力。具体来讲，一是要挖掘特色，结合当地优势资源和现有产业基础，走"特色增值、特色取胜"之路；二是要集群发展，以规模经济、集聚经济、范围经济等提升产业竞争力；三是要"内整外接"，整合区域内部资源，积极对接外部市场，融入全国甚至全球经济大循环，构建自身"生态位"。

区域自我发展能力建设除了上述个人和家庭、企业和产业方面的自我发展能力建设以外，还要强化空间能力、市场能力和软实力三个方面的能力建设。在空间能力建设方面，要重视"空间"这一生产要素，以推进新型城镇化为抓手，优化空间格局，在实现"人地协调"的同时，提高"空间生产率"，通过若干个"增长极"的循环累积效应构建区域自我发展能力的空间载体。在市场能力建设方面，一是要充分挖掘和利用"本地市场"效应，为地区特色产业发展壮大提供初始的市场基础；二是要加快市场化进程，大胆改革创新，加快缩小与发达地区市场化的差距，甚至超越发达地区，使市场在地区发展中发挥更加突出的作用。在软实力建设方面，贫困地区要积极改善"营商环境"，提升区域形象，对内增强本地居民对区域的认同感，对外要提升对经济社会发展极其重要的生产要素尤其是高级生产要素的吸引力，使其成为要素流入的"洼地"。

三、多元主体参与：精准扶贫的基本保证

精准扶贫是多主体、多渠道、多维度一起参与的工作，政府、社会、市场、个体在精准扶贫中起着重要作用。

第一，政府要理顺扶贫政策机制，加强执行监督及评估。构建创新治理体系，破除政出多门。在精准扶贫这个综合性的工程中，政府起着主导作用。在脱贫攻坚中政府应当理顺扶贫政策，创新扶贫机制，推进法制性扶贫开发，避免政出多门、多头管理导致的扶贫工作运行不畅。要坚持以人为本，促进社会和谐，建立健全扶贫建设的法律法规、完善政策体系安排。对扶贫工作应进行垂直一体化的管理，实现由政府统筹协调扶贫开发工作，确保扶贫开发工作"一盘棋"，推进扶贫工作走上法治化、科学化道路。此外，以精准监督护航精准扶贫。扶贫工作贵在精准，重在精准，制胜之道也在于精准，必须把精准思维贯穿到监督的全过程，做到定位向监督聚焦、责任向监督压实、力量向监督倾斜，提高监督的针对性和实效性，保障扶贫政策"不走样"、扶贫资金"不错位"，为打赢脱贫攻坚战提供强有力的监督。

第二，产业是扶贫的核心，市场乃是脱贫的关键。经济发展的基础是产业，缺少产业支撑，扶贫就少了核心，很难带动贫困群体脱贫致富，扶贫建设也难以进行。农业生产收入是

贫困农民维持生活的方式，他们往往难以融入城市，就如费孝通在《乡土中国》中所说的：
"直接靠农业来谋生的人是黏着在土地上的。"[①]因此，要注重在当地引进产业项目，根据农民的需求和市场发展的状况，大力推进产业化扶贫。通过发展具有引导作用的农业龙头企业，利用"企业＋农户"的形式，发挥龙头企业的带头作用，以此来帮助农民发展产业化经济。支持鼓励农民自发建立合作组织，增加合作力量。通过龙头企业和农民合作组织把分散的小农汇集起来，增强其抗逆力，减轻贫困人口的脆弱性。

第三，多元主体共同参与，多平台链接配置资源。精准扶贫既是重大经济问题，也是重要的政治、社会和伦理问题，需要全党全社会共同参与，形成合力，努力构建人人参与的扶贫新格局。同时，要合理整合链接扶贫资源。精准扶贫完美阐释了经济学中最佳配置资源的要求。在精准扶贫中资源主要可以分为三类：政府扶贫资源、产业扶贫资源以及社会扶贫资源。政府投入的扶贫资源要符合贫困地区和贫困群众的基本需求，同时要能带动贫困地区及贫困群众本身现有的资源，使两者有效结合，这样脱贫才具有持久性、可靠性。各地的贫困程度不同，因此对扶贫资源的配置也要有一定的倾斜，能否让最贫困的地区和最贫困的群众获得更多的扶贫资源，决定了精准扶贫的成效。因此，合理整合链接扶贫资源就显得尤为重要，可以将政府扶贫资源更多地配置到贫困地区基础建设上去，把产业扶贫资源更多地配置到脱贫产业项目上去，同时根据需求将社会扶贫资源有效整合到以上两者中去。

第四，提高扶贫干部素质，因地制宜创新致富门径。增强管理监督，巩固精准扶贫实效。要打赢扶贫攻坚战就必须培养一支敢拼敢干的队伍，但扶贫人才培训不能盲目进行，要对症下药、有的放矢。从世界范围来说扶贫攻坚是一个巨大难题，各地的贫困原因不同，所以并不存在一套"放之四海而皆准"的方案。因此，在培训扶贫干部时要分层分类、深厉浅揭、精准有效；防止弄虚作假搞"数字脱贫"、向"三农"资金"伸手"等违法违纪行为；不断加强民生监督工作，增强基层干部的自律意识，让人民群众真正享受到扶贫带来的红利。此外，应精准定位，选准产业自主造血。"产业扶贫"可以说是帮助贫困地区解决生存、发展问题的金钥匙。实现精准扶贫，单靠以往政府"输血式"补贴资金是远远不够的，这不仅会加大政府的财政负担，还会让贫困户产生惰性，不利于脱贫攻坚。因此，由政府有关部门牵头，引导贫困地区和贫困户在"精准定位，认清自己，摸清家底"的基础上选准产业自主造血，遵循市场和产业发展的规律，因地制宜发挥当地资源优势，做大做强各项特色扶贫产业，转劣势为优势，才能为实现脱贫致富奠定坚实的基础。

概言之，精准扶贫基于差异性平等的价值预设，在承认并尊重客观差异所造成的贫富

---

① 费孝通.乡土中国［M］.北京：人民出版社，2008：10.

差距及贫困现象的同时谋求实质意义上的社会公平，最终实现共同富裕。生计能力提升是其精准扶贫的行动指南，表现在两个方面：其一，保障和提升扶贫对象的基本生存能力；其二，提升扶贫对象的自我发展能力。多元主体参与是精准扶贫取得实际成效的基本保证。

第三部分

乡村振兴探索

新桂村乡村空间正义考察

乡村空间主要包括生产空间、生态空间、生活空间三个方面，乡村振兴战略提出"产业兴旺、生态宜居、乡风文明、治理有效、生活富裕"的总要求，既是对理想乡村空间的形象勾勒，也是对实现乡村空间正义的价值标举。

结合上述要求，借助文献研究、问卷调查、无结构式访谈等方法，我们对广西壮族自治区柳州市融安县潭头乡新桂村的生产空间、生态空间、生活空间展开调查，了解该村空间正义现状，分析存在的问题，并针对问题提出可行性的对策，以为其他类似乡村实现空间正义提供可操作性智力支持，同时助力国家乡村振兴战略的实施。

一、绪论 乡村空间正义是乡村振兴的内在诉求

（一）乡村空间正义研究具有重要的价值

实施乡村振兴战略，是党的十九大作出的重大决策部署，是决胜全面建成小康社会、全面建设社会主义现代化国家的重大历史任务，是新时代"三农"工作的总抓手。

乡村空间正义是乡村空间性的题中应有之义，更是实施乡村振兴战略始终难以回避的话题。乡村是与城市相异的具有自然、社会、经济特征的地域综合体，兼具生产、生活、生态、文化等多重功能，与城镇互促互进、共生共存，共同构成人类活动的主要空间。乡村首先是一个空间，空间性是乡村的第一属性。在空间资源的配置和公共政策的实施过程中，优化乡村生产、生活、生态空间，实现空间资源的"得所当得"，亦即空间正义，是乡村空间性的逻辑使然。不仅如此，乡村空间正义还是实施乡村振兴战略的基本诉求，是实施过程中始终难以回避的问题。在乡村空间范围内（是一个物理空间和精神文化空间交织而成的综合体），任何公共资源的流动、政策的实施、活动的安排都与空间正义相关。事实上，国家关于乡村振兴所提出的实施意见和规划，有很多内容就直接体现了乡村空间正义。《中共中央　国务院关于实施乡村振兴战略的意见》指出：城乡居民生活水平差距持续缩小，解决区域性整体贫困，农村人居环境明显改善，城乡基本公共服务均等化水平进一步提高，城乡融合发展体制机制初步建立……这些都是空间正义的基本诉求。《乡村振兴战略规划（2018—2022年）》进一步提出：优化乡村生产生活生态空间，打造各具特色的现代版"富春山居图"；要强化空间用途管制，统筹利用生产空间，合理布局生活空间，严格保护生态空间；要以生态环境友好和资源永续利

用为导向，推动形成农业绿色生产方式，实现投入品减量化、生产清洁化、废弃物资源化、产业模式生态化，提高农业可持续发展能力；以建设美丽宜居村庄为导向，以农村垃圾、污水治理和村容村貌提升为主攻方向，开展农村人居环境整治行动，全面提升农村人居环境质量；大力实施乡村生态保护与修复重大工程，完善重要生态系统保护制度，促进乡村生产生活环境稳步改善，自然生态系统功能和稳定性全面提升，生态产品供给能力进一步增强；坚持以社会主义核心价值观为引领，以传承发展中华优秀传统文化为核心，以乡村公共文化服务体系建设为载体，培育文明乡风、良好家风、淳朴民风，推动乡村文化振兴，建设邻里守望、诚信重礼、勤俭节约的文明乡村……这些都直接体现了空间正义。

（二）处于起步阶段的乡村空间正义研究

2017年，国家统计局发布的《中华人民共和国2017年国民经济和社会发展统计公报》显示，中国常住人口城镇化率达58.52%，即便如此，广袤的乡村依然占据着我国国土的大部分空间，是中国社会无法忽视的存在，但长期以来，在城市话语的喧嚣与市场经济的突飞猛进中，乡村空间正义一直未能得到应有的关注。从文献数量上看，学界对"城市空间正义"关注较多，而对"乡村空间正义"的探讨实有不足。为什么与城市空间正义研究相比，学术界对乡村空间正义的研究起步较晚且研究薄弱？结合国情，我们认为起码有以下几个原因：

首先，我们国家对"现代化"内涵的认知和理解具有历时性和阶段性，长期以来，部分学者和官员将城市化作为现代化的重要标识，甚至过分暗示或者直接强调城市化就等同于现代化，以至于在思想领域形成了或是存在着"广大乡村也应城市化"的畸偏，认为城市才是乡村的未来形态，现代化的时空境遇中象征着落后、愚昧的乡村已经不复存在，因此相比于乡村，似乎城市才值得倾注更多的研究心力。在此思想背景下，乡村空间未能得到应有的关注，乡村空间正义自然也未能进入许多学术研究者的视野。

其次，在"城乡二元体制"下，城市客观上成为区域性资源整合的中心，具备强大的资源汇聚能力，加之国家户籍制度、工业反哺农业等政策的实施以及社会主义市场经济的推动，以城市为中心逐渐形成了巨大的空间资源整合"旋涡"并向周围乡村辐射，城市成为资源汇聚和整合的优势空间。广袤的乡村尽管不乏资源，但因长期受到科技条件的限制、自然地理的阻隔、国家政策向城市倾斜的制约以及传统观念的束缚等多元因素的影响，部分空间资源并没有得到有效的发掘和合理的配置——要么处于一种待开发的潜在状态，要么向城市大量输出（如农产品、劳动力等），以至于一些乡村有资源而无产业，或有产业却无发展，长期处于一种被忽视或被抑制的欠发展状态。因此，与乡村空间相比，城市空间具有"先天的"资源聚集整合优势，更早地得到开发，城市空间问题涌现、暴露得也较早，因此得到了人们更多的关注。

最后，随着中国从计划经济向市场经济的转轨、互联网的普及，以及法治教育的推进，权利意识深入民心，其推动力也逐渐由国家和政府层面向个体层面转移，越来越多的公民个体开始有了维护自身合法权益的意识。随着城乡二元制背景下进城务工人员问题、留守群体问题、教育公平问题的凸显，在"城乡统筹""发展共享""成果普惠"等国家政策导向下，学界部分有强烈"乡愁"和"正义感"的知识分子开始把目光从城市转向农村，开始对乡村问题展开系统的思考，尤其是在国家实施精准扶贫、大力推进乡村振兴的时代境遇下，上述主观或客观因素进一步引发了社会对乡村空间的关注，因此从2014年开始关于乡村空间正义的探讨逐年增加，但不可否认的是，乡村空间正义研究尚处于起步阶段。

目前，与乡村空间正义直接相关的文献主要探讨了以下三个方面的问题：

其一，从人文地理或地理科学视角探究乡村空间的内涵、维度及其重构。李红波等认为，乡村空间是由"物质空间—社会空间—文化空间"构成的有机系统，其中，乡村物质空间由乡村的土地利用、生态环境、建筑景观等物质要素来承载，是可感知的物理意义上的空间；乡村社会空间产生于人的广义社会行为，涵盖了社会、经济、政治等，体现在乡村组织治理、生产实践等日常生活的方方面面；乡村文化空间则是人的主观精神空间及各种乡村表征，主要由制度政策、价值观念、乡村意象来反映。乡村空间重构是指在内外驱动力的作用下，乡村物质空间、社会空间、文化空间中各要素的变化与重组，是一个持续、动态的过程，也是一个历史的范畴[①]。龙花楼指出，乡村空间重构，即在快速工业化和城镇化进程中，伴随乡村内生发展需求和外源驱动力综合作用下导致的农村地区社会经济结构重新塑造，乡村地域上生产空间、生活空间和生态空间的优化调整乃至根本性变革的过程。乡村空间重构，主要包括乡村生产空间、生活空间和生态空间的重构三个方面。龙花楼认为，通过对农用地、"空心村"、工矿用地进行有效整治，可以助推乡村空间重构[②]。

其二，从相互关系视角审视城市空间与乡村空间，对二者的相互关系展开探究。黎智洪认为，空间正义作为城乡发展一体化的价值取向是社会主义的本质要求，是落实宪法权利的要求。是空间正义本身的要求，是城乡发展一体化的内在诉求。通过加强空间发展的公众参与机制，建立城乡统一的户籍制度；建立城市空间扩张中弱势群体合法权益的保护

---

① 李红波，胡晓亮，等．乡村空间辨析［J］．地理科学进展，2018，37（5）：591-600.

② 龙花楼．论土地整治与乡村空间重构［J］．地理学报，2013，68（8）：1019-1028.

机制；实施城乡空间均衡发展机制，可以实现空间正义①。龚天平、张军指出，城市空间生产的过程实际上也就是资本空间化的过程，而资本空间化趋势下城市空间生产又向乡村延伸，这种延伸悖逆了空间正义，使乡村陷入了资源、文化、伦理、生态等多方面的困境。为了实现城乡空间关系和谐，必须在空间正义即"公正性""平等性""属人性"等原则的引领下有效调节城乡空间生产，重构城乡合理关系，以摆脱城乡非正义的空间生产困境②。曹现强、朱明艺在《城市化进程中的城乡空间正义思考》一文中也持类似观点③。李增元、周平平认为，现代农村新社区建设的过程，亦是一个空间再造及资源配置的过程。诸多新型空间在新社区建设中被塑造出来，这些空间的资源配置中，权力空间凸显政治资源，弱化自治资源；组织空间充分利用有限的民间社会资源；服务管理空间整合村干部资源及社会力量；娱乐活动及交往空间推动强大硬件资源。资源配置非均衡性导致空间失调，使得当代农村新社区建设陷入了困境。中国走出农村新社区建设的困境，需要在空间正义理念上，实现政治资源、行政资源与社会资源的均衡配置与平衡发展；在保障权力空间地位的基础上，强化管理服务空间功能，促进社会自组织空间有序发展，保障居民的发展权利及权益；合理配置相应资源，引导扩展个体的活动及交往空间，培养健康人格及良好社会心态；保障资源配置及空间生产中的居民参与权利，切实保障以人为中心的发展机制④。曾天雄、曾鹰指出，城镇化是一种空间化的再生产与重构过程，但绝不意味着乡村文明的式微与消隐。它不是单纯的城市建设，而是以"人"为核心的"和谐城市"与"美丽乡村"的结合体。从正义维度分析，必须破解对中国乡村社会的单向度思考，高度重视城镇化的"空间正义"，警惕与遏制以终结乡村文明为代价，导致对乡村文明的阉割，造成"乡土中国"与"城市中国"的错位。要以人的生活本身为目的，实现社会与生态、时间与空间的协调统一，推进乡村文明重建。

其三，基于正义理论对乡村空间中的具体问题进行探究。宁爱凤从空间视角探讨了农村住房保障制度的重构，认为农村缺少住房保障制度，现有的宅基地保障、农村危房改造等试点，只是一种低层次、间接的住房保障手段。住房保障制度的城乡二元结构导致城市空间被挤压，剥夺乡村空间，阻碍了城乡居民平等共享经济发展成果，严重制约了农村居民生

---

① 黎智洪.迈向空间正义：城乡发展一体化的价值取向及其实现机制［J］.中南大学学报（社会科学版），2016，22（5）：118-122.

② 龚天平，张军.资本空间化与中国城乡空间关系重构——基于空间正义的视角［J］.上海师范大学学报（哲学社会科学版），2017，46（2）：29-36.

③ 曹现强，朱明艺.城市化进程中的城乡空间正义思考［J］.理论探讨，2014（1）：139-144.

④ 李增元，周平平.空间再造与资源配置：现代化进程中的农村新社区建设［J］.南京农业大学学报（社会科学版），2018，18（5）：27-38，155.

活水平的提高，违背空间正义的原则①。杨嵘均从空间发展正义性的视角来考察2018年发生的"上海女逃离江西农村"网络舆情事件，认为该事件反映出我国社会发展存在着严重的空间发展不平衡、不正义现象②。张欢认为，小说《白鹿原》中对白家大院、祠堂、戏台、白鹿书院的空间描写，呈现了多维的北方农村权力空间，构建了家庭权力、宗族权力、文化权力的隐喻系统，还原了中华人民共和国成立前后中国农村的基层权力空间的结构关系和运作模式③。吴永胜强调农村教育的终极价值在于不断地拓展农村人的生活空间，然而已有的价值取向严重忽视了农村人的生活可能性问题。从生活可能性的视角出发，农村教育的价值取向在于满足农村人不断拓展其生活空间的教育需要④。孙大伟、任超通过对农村社区新型文化空间的分析，发现其不仅继承了传统祠堂的孝道功能，也产生了新的孝文化表达方式⑤。卢利亚认为，从空间的视角来看，农村留守儿童问题的成因主要包括五个方面：主观心理空间失衡、家庭人伦结构错位、学校成长空间失准、城乡发展严重不均、区域发展差距过大。要想从空间上解决这些问题，必须加强文化扶贫，健全农村留守儿童的精神文化关爱空间；提振县域经济，拓展进城务工人员返乡就业和创业的发展空间；促推共享发展，规制资本逻辑自发运行的噬利盲动空间⑥。

通观"乡村空间正义"的相关研究不难发现，学术界近年来做了诸多努力，取得了一些成果，为我们进一步开展研究奠定了基础，但不可否认，现有的研究亟待推进。一方面，现有的研究呈现出碎片化特征，比较零散不成体系；另一方面，现有的研究理论探究比较多，而个案调研比较少，缺乏实实在在的案例支撑，因而难免会陷入一厢情愿的主观判断误区。这也为我们的研究提供了可能的空间。

（三）推进乡村空间正义研究的逻辑运思

针对目前的状况，我们先从以下两个方面展开研究。

第一个方面，努力构建一个相对系统的乡村空间正义理论。在梳理已有研究的基础上，结合十九大精神，以及《中共中央 国务院关于实施乡村振兴战略的意见》《乡村振兴战略规划（2018—2022年）》中的提法，我们认为乡村空间主要包括生产空间、生态空间、生活

① 宁爱凤."空间正义"视角下农村住房保障制度的重构［J］.甘肃社会科学，2017（3）：219-225.
② 杨嵘均.论"上海女逃离江西农村"网络舆情的政治隐喻——以空间发展的正义性为考察视角［J］.江苏社会科学，2018（3）：71-80.
③ 张欢.建筑空间中的权力展演：《白鹿原》的农村权力空间建构［J］.理论月刊，2018（5）：79-83.
④ 吴永胜.满足农村人不断拓展其生活空间的教育需要——论农村教育的价值取向［J］.教育研究与实验，2018（1）：25-30.
⑤ 孙大伟，任超.农村社区新型文化建筑空间对孝文化传承影响分析［J］.南方农村，2017；33（5）：49-55.
⑥ 卢利亚.农村留守儿童安全和品行问题的空间治理［J］.贵州社会科学，2017（9）：69-74.

空间三个方面，而乡村振兴战略提出"产业兴旺、生态宜居、乡风文明、治理有效、生活富裕"的总要求，这既是对理想乡村空间的形象勾勒，也是对实现乡村空间正义的价值标举。产业兴旺是实现乡村生产空间正义的基本诉求，生态宜居是实现乡村生态空间正义的题中应有之义，乡风文明是乡村文化空间正义的基础表征，治理有效是现实乡村权力空间正义的重要考量，生活富裕则是实现乡村社会空间正义的检测依据。后三者事实上都指向了乡村生活空间，分别描述了乡村的精神文化生活、政治生活和社会生活。

第二个方面，基于典型个案对乡村空间正义展开研究，以此避免现有研究中出现的主观任意性和理论空疏性，同时可以为乡村振兴战略的实施提供可资借鉴的、可操作性智力支持。

依循上述思路，我们确定了"新桂村乡村空间正义考察"这样一个选题。

之所以以新桂村为典型，是因为新桂村第一、二、三产业齐全，这为研究生产空间正义奠定了基础；该村的生态不错，有湿地，有竹林，有连片的田野山林，尽管存在着焚烧生活垃圾、秸秆这样的生态污染问题，但这些恰恰为我们研究生态空间正义提供了素材。此外，大量青壮年进城务工，老人和小孩留守村中，村里面有村祠，有袅袅村烟，有"竹喧归浣女"的生活景象，有一片片金黄的晒谷场，离村不远的地方甚至有教堂……这些都为我们研究乡村生命、生活空间提供了基础。也就是说，从空间正义的视角审视乡村，新桂村是反映乡村空间正义及其相关问题的一个缩影，具有代表性。因此，在中国无数个大大小小的村落里，新桂村既是最寻常的一个，也是最典型的一个。

该村位于柳州市融安县潭头乡以东，东邻大良镇，南靠新林村，西靠潭头村，距离柳州市80公里，距三江县100公里，距桂林200公里，交通便利。全村总面积9.7平方公里，全村林地面积1 117亩，耕地面积4 531亩，其中农田面积3 835亩。有东桂、高阳、路村岭、寨贝、大境、新屋、大岭坪、青山寨、新村、南寨、西寨、镇贝、洋岭13个自然屯。全村共有887户2 932人。

结合上述思路，我们在对新桂村进行预调研的基础上制定了《广西乡村空间正义调研问卷》（见附件一），围绕着"生产、生活和生态空间"以及"产业兴旺、生态宜居、乡风文明、治理有效、生活富裕"的总要求，将其可操作化，共设计31个问题。此外，还设计了《广西乡村空间正义访谈提纲》（见附件二），对乡政府、村委会及村民进行深度访谈。整个研究主要采用了文献分析、问卷调查、入户访谈等方法。

（1）文献分析。查阅关于乡村空间正义的学术文献和政府文件规划，进行系统的爬梳，为本研究提供理论基础。

（2）问卷调查。对新桂村13个村屯887户农民进行分层随机抽样，抽取200户农户。首先，我们获得了新桂村的户籍数据，把每个村屯的每一户人家按照门牌号进行编号；其次，每个村屯按照200：887的比例，以抓阄的方式抽取各个村屯的样本，再由各个村屯抽取的样本构成大样本；最后，按照所抽取的大样本入户填写问卷并进行入户访谈，要求每户户主填写问卷1份，共发放问卷200份，有效回收183份（无效问卷大境、新屋各3份，西寨2份，东桂、路村岭、寨贝、大岭坪、青山寨、新村、南寨、镇贝、洋岭各1份），有效率达91.5%（见表3-1）。

表3-1 新桂村全村各屯户数总样本及其抽样

新桂村所辖自然屯	全屯人（人）	全屯户（户）	抽样户数（户）
大 境	397	116	26
大岭坪	304	94	22
高 阳	231	72	16
南 寨	152	42	9
青山寨	73	23	5
西 寨	298	93	21
新 村	186	54	12
新 屋	375	118	27
洋 岭	80	21	5
寨 贝	197	59	13
路村岭	131	42	9
镇 贝	247	79	18
东 桂	261	74	17
合 计	2 932	887	200

（数据来源于新桂村村委2018年8月提供的公安系统名单）

根据SPSS数据可信度分析，Cronbach's α系数的值为0.889，说明本问卷数据分析具有较高的信度（见表3-2）。

表3-2 可靠性统计量

Cronbach's α	基于标准化项的 Cronbach's α	项 数
0.874	0.889	30

（数据来源：调查问卷的SPSS可信度分析）

（3）入户访谈。围绕着《广西乡村空间正义访谈提纲》对乡政府、村委会及村民进行深度访谈，以了解新桂村自然地理条件、历史沿革、一般人口学特征等基本情况，了解新桂村的生产空间、生活空间、生态空间的现状及其存在的问题。

研究思路及框架如图3-1所示。

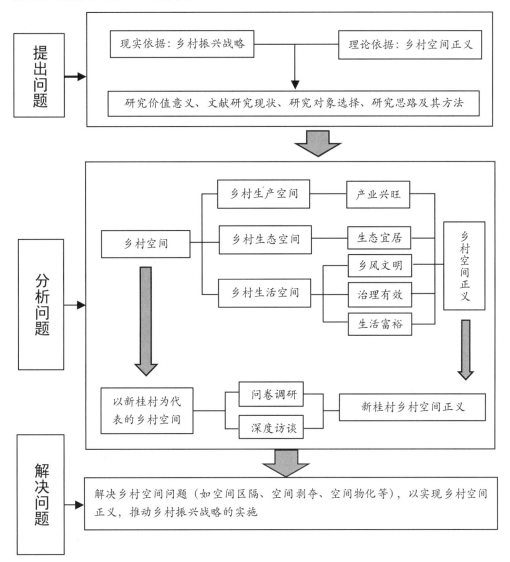

图3-1 研究思路及框架图

二、新桂村生产空间正义

（一）生产空间及生产空间正义的内涵

根据《乡村振兴战略规划（2018—2022年）》的阐释，乡村生产空间是以提供农产品为主体功能的国土空间，兼具生态功能。

乡村生产空间作为乡村空间的重要组成，是农业农村发展的重要载体，对乡村产业发展和国土空间格局优化，甚至国家粮食安全和社会经济的正常运行均发挥着至关重要的作用[1]。乡村首先是一个从事农业生产的空间：在传统社会，乡村生产通常以农业为主，以手工业、畜牧业等其他产业为辅；市场经济条件下，乡村产业不管是类型还是规模都得到了极大的扩展，不再局限于农业，还囊括了第二产业、第三产业。因此，乡村生产空间通常包括乡村农业空间、工业空间和商业空间，其中乡村农业空间亦即传统意义上的农业耕种空间；乡村工业空间是在利于工业要素富集的乡村特定区位形成的乡村工业专业村或专业村集聚区（带）；乡村商业空间是指乡村商业经济活动所占据的地带或区位[2]。

市场经济条件下乡村产业日趋多元，其构成与运作也日益精细复杂，这是社会分工与生产力发展的必然结果，但不管何种类型的产业，也不论社会分工如何，产业发展兴旺始终离不开资源，资源是产业发展的"命脉"。

乡村产业的发展离不开土地、水、矿产、自然景观、劳动力、农产品等空间资源，如何借助现代科学技术和社会主义市场机制，通过公共政策，激活乡村的内生资源[3]，将既定的空间资源实现最优配置，以生产出优质的产品和服务，这是实现乡村产业振兴必须解决的前提性问题。

乡村生产空间正义主要就是针对空间资源的流向及配置利用提出来的，其本质就在于让乡村空间资源在乡村空间范围内得到优化配置、高效利用，以"得所当得"的理念，做到地尽其利、物尽其用、人尽其才，最终创造并实现其价值。从资源视角来看，只有让乡村空间中既有的资源"各安其分""各司其职""各尽其力"，乡村产业发展兴旺才有可能。乡村产业发展兴旺就是要围绕着资源做文章，一方面，优化产业结构；另一方面，延长产业链，促进产业链增值。

换言之，如何引导乡村生产空间劳动力、土地、农业基础设施、资金、技术等要素的优化重组，满足多元农业经营主体发展需求，促进乡村生产空间格局优化，推进农业供给侧结构性改革和培育农业农村发展新动能，实现农业现代化是实现乡村空间正义亟待解决的难题。

（二）新桂村生产空间及其存在的问题

如前所述，新桂村之所以能够成为研究对象，主要是因为该村产业发展较具代表性，既有传统意义上的农业种植，也有第二产业、第三产业的发展，因此其生产空间较具代表性。

---

① 邓春. 共生视角下乡村生产空间重构研究：恒和村实证 [D]. 重庆：西南大学，2017：1.

② 乔家君. 乡村社区空间界面理论研究 [J]. 经济地理，2012，32（5）：107-112.

③ 赵光勇. 乡村振兴要激活乡村社会的内生资源——"米提斯"知识与认识论的视角 [J]. 浙江社会科学，2018（5）：63-69，158.

新桂村和大部分乡村一样，主要的产业依旧是农业。全村有林地面积1 117亩，耕地面积4 531亩，其中农田面积3 835亩，水稻、糖蔗是主要的种植作物。近几年，该村逐渐形成了蔬菜种植产业区和现代特色农业示范基地。其中，2015年新桂村下属东桂屯建立了200亩的优质高产高糖糖料蔗示范样板点；村里正在建设的现代农业示范基地（金橘园）项目占地100亩，投入资金100万元；高速出口连接线道路两边10个村屯积极开展蔬菜种植，尤其是秋冬菜种植，该产业覆盖率已经达到60%以上，下一步将促成"公司＋基地＋农户"产业发展模式[①]。可以说，该村的农业生产空间形成了明确的功能分区，围绕保障国家粮食安全和重要特色农产品供给，充分发挥了本村的比较优势；基本落实了农业功能区制度，同时制定了《新桂村发展壮大村级集体经济三年行动实施方案（2018—2020年）》，统筹推进农业产业园园区建设。

近年来，新桂村在第二产业、第三产业方面也取得了实质性突破。新桂村因处于与大良镇人民政府的连接线上，距潭头乡人民政府1.5公里，距大良镇3.0公里，距三柳高速路与209国道连接线仅200米，紧挨三柳高速出口连接线，距离柳州市80公里，距三江县100公里，距桂林200公里，可迅捷抵达柳州、桂林两市，区位优势较为明显，具有良好的第二产业、第三产业流通基础。因此，新桂村一方面在高速连接线设置广告牌，以出租广告位的形式，增加村集体收入，还在村里开办私人的采砂场、木材加工厂等；另一方面，全力打造潭头生态乡村旅游业，借助三柳高速路出口落户潭头的契机，站在建设"融安县新南大门"的高度上，重点做好高阳湿地景区建设，全力打造现代休闲和农产品集散小村建设。新桂村将自己打造成一个旅游示范村，采取入股、承包经营等多种形式，引进企业发展度假村、休闲观光农业等，增加村级集体经济收入。2015年通过政府项目资金扶持开发了高阳湿地旅游项目，《高阳湿地乡村生态旅游区总体规划》通过专家评审，总体规划1.9万平方公里，将旅游及相关服务业覆盖整个新桂村。其中，核心景点高阳古寨系古建筑群落，寨内有30多间保存完好的古民居，建筑风格多为桂北地区特有的原始土坯房，其中最古老的民居已有200多年历史；还保存有较好的百年历史古寨墙、古寨门遗址。高阳古寨气候宜人、环境舒适，有百年武科举和民间武术传统文化等资源，2017年被列入第三批广西古村落名录。另外，寨子附近还有70米宽的拦河坝、高7米的高阳桥、新林河水坝、古老的水碾、成片的樟树林、错落有致的竹林、成片的原生态葡萄园……自然景观与生态旅游观光资源丰富。该项目已基本建成，可提供近150人的就业岗位，年接待游客量可达1万人次，年营业收入约100万元，有效带动了运输、餐饮、娱乐场所等第三产业快速发展。

随着新桂村三大产业（广义）的不断推进，其生产空间规划、布局日益合理，但其面临

---

① 数据来源于《新桂村发展壮大村级集体经济三年行动实施方案（2018—2020年）》，2018年10月18日。

的生产空间问题也是显而易见的，这次调研中我们发现了以下几个问题：

第一，青壮年大量外出打工，本地发展人力资源短缺。在市场化体制转型背景下，农民是乡村振兴战略的主要实施者、推动者和获益者。推进乡村振兴战略不能寄希望于单向度的政府行政力量，而需要充分利用农村现有的劳动力资源。我们在与村委班子访谈的过程中得知，新桂村90%以上的青壮年都外出（柳州、桂林、南宁、深圳、广州等地）务工，这在调查问卷中也得到了印证，调查数据显示，在所回收的183份问卷中，有170位户主指出本村近几年大部分青壮年外出打工，如图3-2所示。

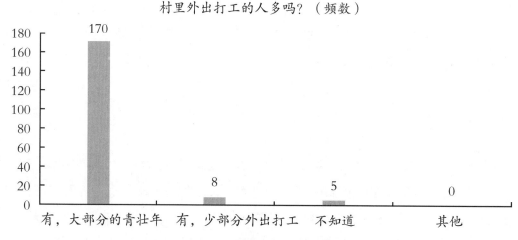

村里外出打工的人多吗？（频数）

图3-2　新桂村青壮年外出打工情况
（数据来源：调查问卷整理）

经过走访我们还了解到留存劳动力大部分平均年龄超过50岁。年轻的，尤其是受过一定教育的村民，通常选择外出务工，这也印证了个别学者提出的"受教育程度越高，转移能力往往就越强，这类人一般会转移到收益比较高的非农产业"[1]的论断。随着九年义务教育的普及[2]，新桂村在劳动力素质整体提高的同时，也出现了高素质劳动力外流的现象，导致留村的主要劳动力受教育程度普遍偏低。

因此，如果把村民分成传统农民、离乡农民、离土农民、内源式新型农民、外源式新型农民五种类型[3]，那么，新桂村留守的村民大部分属于传统农民，个别属于内源式新型农民，外出务工的村民基本属于离乡农民、离土农民，而引领村庄发展，需要更多的内源式新型农民和外源式新型农民，这都是新桂村所欠缺的。

① 龚立新.乡村振兴战略视域下我国农业劳动力问题及其破解路径研究［J］.信阳师范学院学报（哲学社会科学版），2018，38（5）：42-47.

② 新桂村义务教育在校生目前有244人，全部享受了"三免一补"等教育政策扶持，义务教育保障率达到100%，数据来源于新桂村村委所提供的《新桂村"脱贫攻坚"基本情况》。

③ 高帆.中国乡村振兴战略视域下的农民分化及其引申含义［J］.复旦学报（社会科学版），2018，60（5）：149-158.

　　第二，部分农业耕地存在撂荒现象，农业土地资源未能得到充分利用。在183个调查对象中，认为这两年村里有出现田地荒芜不种的情况的有84人，占总样本的45.9%，几乎占到一半，这说明新桂村耕地撂荒现象比较普遍，如图3-3所示。新桂村的土地资源存在不合理分配的情况，制约了当地的农业发展。上文提到的劳动力空间资源的短缺是农业耕地撂荒的一个主要原因。劳动力大量地往城市涌去，导致大量的耕地没有充足的劳动力耕种。我们调查的村屯中，有一个屯（南寨）的耕地90%以上撂荒。其原因竟然是农用设施管理不当，导致抽水机不能正常使用，供水不足，农田干旱而无法耕种，土地的空间资源无法得到合理的利用。农产品价格低廉也是导致撂荒现象的一个重要原因。在付出同等劳动的情况下却获得相对少的收益，甚至成本大于收益时，人们自然而然地会放弃耕作农田。

这两年村里有没有出现田地荒芜不种的情况？（频数）

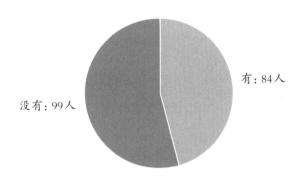

没有：99人　　有：84人

图3-3　新桂村村民对本村田地荒芜不种情况的认知

（数据来源：调查问卷整理）

　　第三，尽管程度较轻，但依然存在着其他产业占用水田、耕地的情况。在被问及"村里有没有违规占用水田或者耕地的情况"时，有18人回答"有"，占总样本的9.8%；有165人回答"没有"，占总样本的90.2%，如图3-4所示。新桂村的第二产业有三大类：一是木材加工类；二是砂石加工类；三是特色农业类。这三类产业都存在占用耕地空间问题。

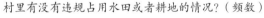

村里有没有违规占用水田或者耕地的情况？（频数）

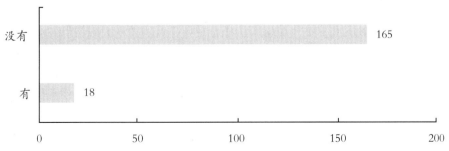

图3-4　新桂村村民对本村水田耕地占用情况的认知

（数据来源：调查问卷整理）

第四，部分产业布局不合理，离村过近，影响了村民的生活。乡村工业的发展带动乡村经济发展固然可喜，但布局不合理也让会生产空间问题凸显。新桂村附近木材厂加工产生的噪声、砂石场搬运过程中产生的大量灰尘、交通运输线路从村屯中间穿过，事实上都极大地影响了新桂村居民的生活，这反映了生产空间对生活空间的侵蚀。

第五，旅游服务空间的使用目前处于空窗期闲置状态，未能得到及时、充分利用。集旅游观光休闲服务于一体的高阳古寨是新桂村的第三产业，其前期建设投入多，中期古寨修复工作出现停滞，目前已基本建成，但人流量有限，没有充足的客源，处于空窗期闲置状态。如何充分利用现有的旅游观光资源，及时、充分利用高阳古寨带动周边农户致富，是目前亟待考虑的问题。事实上，村民对本村产业有一定的认知度，97.8%的调研对象在谈及本村特色产业的时候都不约而同地提到高阳古寨，如何让高阳古寨的知名度由村内向城市扩散，吸引更多旅客，这是上级政府及新桂村支委需要推进的工作，也是防止产业空间资源"浪费""烂尾"进而影响实现产业空间资源配置正义的当务之急，如图3-5所示。

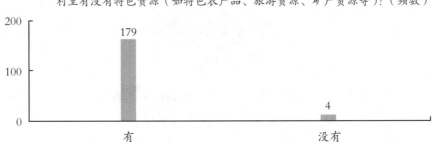

村里有没有特色资源（如特色农产品、旅游资源、矿产资源等）?（频数）

图3-5　新桂村村民对本村产业的认知

（数据来源：调查问卷整理）

（三）生产空间正义在新桂村的实现

新桂村要实现乡村振兴，产业兴旺是基础。村民生活依靠于生产，生产空间正义不可忽视。新桂村产业的发展离不开土地、水、矿产、自然景观、劳动力、农产品等空间资源。针对乡村生产资源（如劳动力、农产品等）流向城市所产生的"马太效应"，因地制宜大力发展乡村产业，完善政策，引进资金、技术，推动村内外空间资源实现最优配置，无疑是实现新桂村产业兴旺的重中之重。

针对上述产业空间问题，如何进行治理？

第一，合理规划发展第三产业。新桂村的高阳古寨、良好的生态环境、优越的地理位置是发展第三产业的基础。第三产业需要大量的劳动力，可吸引外出发展的青年人返乡创业，让劳动力回流，在提高家庭收入的同时也能就近照顾家庭。第三产业空间资源的开发也需要注意以下几点：（1）帮助村民树立服务意识，提高服务质量。（2）合理发展产业，适度开发空间资源，注重生态保护。（3）利用新桂村的资源，发展特色产业。（4）统筹规划，完善新桂村的基础设施。

第二，学习和引进现代科学技术。应用现代科学技术有利于提高土地空间资源利用率。新桂村以传统农业为主，耕作方式依旧是传统的耕作方式。村民要积极主动学习科学种植，提高经济效益。农业引进机械生产可以提高效率，减少劳动力的投入，从而获得经济效益。工业将科学的加工方法与传统的加工方法结合，生产安全有机的农副产品，进一步提高农产品的附加值。

第三，政策制度的支持和调配。自改革开放以来，国家就不断关注民生，重视乡村的治理。普通民众或许能够发现新桂村的资源空间分配不合理，知道问题所在，却不能轻易地改变现状。改善乡村生产空间正义，需要政府这样有公信力的机构出台相关政策，推动实现新桂村的生产空间正义。

第四，因地制宜，发展加工业。新桂村拥有众多的原始农产品和未开发的或未加以利用的空间资源等。既然拥有可利用的空间资源，就要善于利用资源，在可持续发展的前提下，对空间资源加以利用，使资源利用达到最大化，获取最大经济利益，从而促进产业兴旺。

在广袤的中国大地上，即使城镇化率越来越高，乡村空间也是不可消除的一部分。人们在重视城镇空间发展的同时，也要兼顾乡村的空间发展。对于新桂村的村民来说，不管是后面提及的生态方面，还是生活方面，生产都是满足人类生活、精神、物质需求的基础。

三、新桂村生态空间正义

（一）新桂村生态空间及其存在的问题

经访察，我们对新桂村生态空间有了一定了解。在新桂村我们见到了连绵的田野、蜿蜒流淌的河流、长满植被的山野、静谧优美的湿地、一望无垠的林果园、清秀茂密的竹林、一棵棵守望着村庄的大树……这些都是新桂村生态空间中所包含的物质，而在这些再熟悉不过的物质载体之后，寄托的是村民们挥之不去的记忆和浓浓的乡愁。

根据统计，调研的183户农户中，91.3%的调研对象觉得新桂村的自然生态环境是宜居的，如图3-6所示，但随着乡村发展进程的加快，越来越多的生态问题日益在乡村空间凸显，新桂村也不例外。

你感觉村里的自然生态环境是否宜居？（频数）

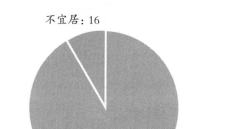

图3-6　新桂村村民对本村自然生态环境的认知

（数据来源：调查问卷整理）

新桂村生态空间问题集中体现为生态空间的不正义，主要体现为乡村中人与自然生态的不和谐以及生态的代际不公正。具体体现在以下几个方面：

其一，农业不合理生产导致乡村生态空间的不正义。

农业生产过度依赖化学肥料与农药造成土地退化和生态污染。我国近几年虽然在农业生产领域实现了对化肥、农药的使用量的连年零增长，但使用总量大、利用率低，据农业部发布的《到2020年化肥使用量零增长行动方案》中的数据显示，我国农作物亩均化肥用量21.9公斤，远高于世界平均水平（每亩8公斤），是美国的2.6倍，是欧盟的2.5倍。据农业部发布的《到2020年农药使用量零增长行动方案》中的数据显示，2012—2014年我国农作物病虫害防治农药年均使用量达31.1万吨。新桂村和中国大部分以农业为主的乡村一样，对化肥、农药的使用情况不容乐观。

调研数据显示，55.2%的调研对象认为与往年相比，目前村里化肥、农药的使用并没有减少，如图3-7所示。

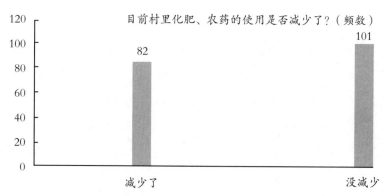

图3-7　新桂村村民对本村化肥、农药使用情况的认知

（数据来源：调查问卷整理）

在走访的农户中，尽管有不少对象主观上反对使用化肥、农药，但实际耕种过程中还是会大量使用化肥、农药，而且几乎每家都使用化学肥料，极少有农户使用有机堆肥，这似乎成了进行农业生产不言自明的常规。化学肥料很大程度上为农业生产提供了便利，但其危害也显而易见，过量使用化学肥料、农药，会污染土地和地下水源，使土地里的重金属含量提高，不利于农业的可持续发展。为了暂时的、个体的利益，牺牲赖以生存的土地空间、生态环境等资源，导致生态系统失调，引发土壤营养结构比例失衡和地力退化，还严重威胁了粮食和其他农产品的食品安全[①]，造成代际土地、生态等资源利用的不公正，着实是一种不负责任的行为。

农户焚烧生活垃圾、秸秆，污染乡村大气空间。在被问及"村里的自然环境（如空气、水体、森林等）有没有被污染破坏"时，回答"有"的有143人，占总样本的78.1%；回答"没有"的有40人，占总样本的21.9%，如图3-8所示。

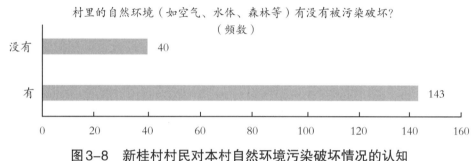

图3-8 新桂村村民对本村自然环境污染破坏情况的认知

（数据来源：调查问卷整理）

为什么将近80%的调研对象认为村里的自然环境有污染破坏的情况？我们在进一步追问的同时一路观察，并做了记录。最终发现，新桂村的生活垃圾虽然集中收集，13个自然屯，每个自然屯都有1个保洁员，每个屯都有垃圾集中收集点，但垃圾的后续处理依然采用传统的焚烧方式，个别垃圾焚烧点从早到晚一直在燃烧，黑烟弥散，臭气扑鼻。此外，新桂村存在着焚烧秸秆的现象，焚烧秸秆会对大气产生污染，且对人体的危害较大，如图3-9所示。

图3-9 新桂村生活垃圾焚烧与秸秆燃烧

---

① 张晓.生态文明建设中的农村环境污染现状与保护治理［J］.安徽农学通报，2018，24（17）：5-7.

禽畜粪污处理不当，污染乡村生态空间。新桂村几乎每家每户都会养殖一些鸡鸭等家禽，当调研对象被问及"村里面禽畜粪污一般是如何处理的"时，16.4%的访问对象的回答是将禽畜粪污直接倒掉，57.9%的访问对象选择将其做堆肥，24.1%的访问对象选择将其做沼气，1.6%的农户用来做其他用途，如图3-10所示。尽管对禽畜粪污的处理是以做堆肥、做沼气为主，但依然有超过15%的访问对象选择直接倒掉，这会引发乡村生态空间的污染，尤其是水资源、土壤、空气的污染。

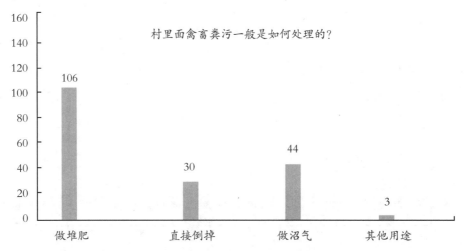

图3-10 新桂村禽畜粪污处理情况

（数据来源：调查问卷整理）

在调查中我们还发现，环境、生态破坏在村民与村民之间、村屯与村屯之间还存在着"破窗效应"。"破窗效应"的概念由詹姆士·威尔逊（James Q.Wilson）和乔治·凯林（George L.Kelling）于1982年首次提出，意指环境中的不良现象如果被放任存在，将会诱使他人效仿，甚至变本加厉[1]。在乡村生态保护过程中也存在着类似情况。一个村民或一个村屯作出了危害、破坏生态环境的行为，如果得不到及时制止和惩罚，那么，其他村民或者村屯会跟着作出一系列危害环境生态的行为。国家和地方明令禁止焚烧秸秆，在政策施行初期确实令行禁止，但在政策执行一段时间后，一旦有村民或村屯焚烧秸秆，大面积焚烧秸秆的现象就会出现。

其二，环境保护设施、制度落后导致乡村生态空间的不正义。

各自然屯保洁人员及垃圾桶数量过少且未得到充分使用。目前20户以上的自然屯，每个屯配有1名保洁员，但乡村的保洁难度远远大于城市，各村收集垃圾、清扫道路等保洁工作量较大，因此1名保洁员难以满足实际需求，尤其是在一些人数较多的村屯，保洁人员的

---

① James Q.Wilson，George L. Kelling. Broken Windows：The Police and Neighborhood Safety［J］. The Atlantic Monthly，1982，249（3）：29-38.

不足导致屯内生活垃圾难以进行规范化处理，屯内环境也难以得到保持。此外，调研中，我们在不少自然屯看到了生活垃圾随意倾倒河中、禽畜粪污充斥村巷的情况，少数垃圾桶被随意倒置、乱丢，这些原本是用于归置垃圾的工具也被当作"垃圾"随意丢弃。尽管村委信息公开栏里张贴着保护生态、整洁村容、建设美丽乡村的各种宣传海报，甚至有这方面的村规民约，但未能得到有效的执行。

新桂村没有垃圾中转站之类的专门处理垃圾的场所。在新桂村，我们见到了多处垃圾堆，这些垃圾堆有的在公路旁，有的在乡间小路旁或是田野里，大量的焚烧痕迹还留在那里，如图3-9所示。乡村郁郁葱葱的景象被这不和谐的黑色焚烧印记"点缀"，被垃圾焚烧后的刺鼻烟雾所"萦绕"，这就是看得见、闻得到的乡村生态空间不正义。

古人云："工欲善其事，必先利其器。"这些落后的环境保护设施如何实现乡村生态空间正义？由此可见，落后的环境保护设施严重"拖了"实现新生态空间正义的后腿。

其三，乡村加工业的发展过程中存在着破坏乡村生态空间的情况。

新桂村周边有多家木材加工厂，还有生猪养殖基地，这些工厂、养殖场给村民带来了可观的收入，但也带来了严重的水、土壤、噪声污染。

其四，新桂村同时存在着空间生态资源浪费和短缺的现象。

新桂村部分自然屯水资源短缺。当我们走访到西寨时，村民异口同声提到这里没水，田地里虽然已经种下庄稼，却没有足够的水进行灌溉。灌溉用水不足给乡村的农业生产造成了极大损失，对乡村生态空间也造成了严重的破坏。

新桂村存在着土地资源浪费的情况。村屯里青壮年选择外出务工，土地留给留守村中的老人耕种，部分农户因留守的老人年迈力衰难以进行繁重的体力劳动，或因农作物种植成本太高，无利益可图，故只能撂荒，这导致村屯内部部分田地荒芜，造成了土地资源的极大浪费，既影响了农业生产，也影响了水田、林地等生态景观的维护。

新桂村湿地资源不仅未能进行充分的保护性开发，还存在着被破坏的情况。新桂村西南角有大片生态湿地，属于喀斯特地貌，是典型的湿地，具有保持水源、净化水质、蓄洪抗旱、维护生物多样性等重要的环境调节功能和生态效益，这里有许多珍稀动物，主要有野鸭、白鹭、斑鸠等，水中长有大片的野生芦苇、野生金银花等。尽管目前已经被划为"生态湿地景区"，但并没有得到充分的保护性开发。与之相反，周边的木材厂、生猪养殖场以及村民生活垃圾的倾倒严重威胁着湿地的生态安全，我们在调查走访中已经发现了类似苗头。

湿地资源重要而脆弱，不能等待、放任，而应该尽快进行保护性开发，尽可能地实现湿地资源利用的代际正义。新桂村现在所拥有的湿地生态空间资源不仅要考虑当下这几代人的生存问题，还要考虑下几代人的生存问题。

（二）生态空间正义在新桂村的实现

保护并充分利用空间生态资源，同时实现生态空间正义，这对于新桂村而言任重道远。

就新桂村存在的种种生态环境问题来看，我们应当先从引导村民树立环保生活生产的意识入手。第一，需转变价值观念，增强村民的环保意识。政府部门应当加大对农民的环保理论教育以及环保宣传力度，让村民意识到绿色环保的农业生产对农村经济长远发展的重要性，同时要加大监管力度，切实落实环境保护工作。第二，可以利用"从众效应"，以正面的效应作用引导村民行为向环保生活生产意识倾斜，可以推选环保示范之家，以此带动其他村民采纳环保生活生产方式。另外，考虑到代际公正问题，一个地方生活的人群会一代代更替，而生活的那片区域是可以存留很久的，为了让子孙后代能有足够的生存空间，保护生态环境是必需的。一个地方适不适合居住，不仅取决于当前可不可以提供给人们生活的条件，而且取决于以纵向的延续性发展来看，该地区适不适合人们世代生活下去。因此，一定要贯彻落实科学发展观，推动可持续发展理念深入人心，以人类生存大局为重，引起村民重视。一代人的生活不应该是以剥夺下一代人的生存空间来获得的，所以必须从意识上树立起环保生态的生活生产理念。

完善农村环保基础设施，创新环保方式。我国农村环保基础设施不健全的主要原因在于财政支持力度不够：一方面，缺少垃圾回收站以及专门的垃圾运输车；另一方面，生活生产污水应当经过处理后再进行排放，需要政府进行下水道及污水处理站的建设，有效保护水源，也可以实现废水再利用。对于某些特殊公共设施位置的选择也需要合理考究，一些对人体有较大辐射危害的、产生过多噪声的设施最好远离村落，虚心听取村民意见，避免"邻避效应"的出现。除此之外，从横向来看，村与村之间在处理公共生态环境问题的时候，要以公平公正的态度看待，以维护共同利益为目的，和谐处理生态环境问题，避免发生村与村之间互相乱排乱放的现象。比如，在河流上下游位置的村落，上游村落排污应当考虑到对下游村落正常生活生产的影响。此外，要严格控制村外源污染，禁止高污染企业向农村转移，禁止城市垃圾向农村转移，只有城市的生态环境和农村的生态环境共同改善才能推进我国的社会主义生态文明建设。

大力推行绿色农业生产方式。减少农业生产中化肥、农药的使用，生产绿色食品，再利用"互联网＋"的时代潮，大力推广绿色无公害产品，不仅能够降低土地被污染的程度，保障人体食用健康安全，还能有效促进农村经济发展。同时，发展农村循环经济，合理处置家禽家畜排泄物，污水治理后再排放，可以使农村环境得到有效治理。另外，循环经济还可以降低治污成本，节省财政资金用于基础设施的完善或者农村其他方面的发展。

对于农村第二产业的发展，发展农村经济应当是在不破坏其原有美好生态环境的前提下进行，一旦剥夺了这样的条件，新的产业发展不持久，原有的发展模式也会遭到破坏。短期内可能会给当地农民带来利益，长期来看会产生不公平的利益双方——一方是不保护环境发展工业的厂家，另一方是被剥夺良好的可持续生活环境的村民。因此，在引入第二产业进村发展的时候，当地政府和村民要严格监督其生产过程是否违背了保护生态的要求，并且按照当地法规，严厉惩处不合理发展的厂家。

此外，村民可以综合利用多种方式来处理农作物秸秆，而不是简单地焚烧。比如，秸秆做饲用，过腹还田；秸秆做有机肥，腐熟还田；秸秆做工业原料，综合利用；等等。政府应当采取相应措施引导村民合理处理秸秆，提高农作物秸秆的利用与开发，让农民减少甚至是杜绝焚烧秸秆，这不仅能保护环境、节约资源，还能促进农民增收，发展农村经济。

对于农村荒地的使用，建议经村民讨论后分由他人耕种或者用于基础设施建设，也可以承包给大型农作物生产企业，使农业发展集约化、规模化。另外，对缺水的地方，需要政府投入建设输水管道，或者打井取水，还可以建蓄水池，保障各个地区基本的生活生产用水有所供应。

保护现有美好生态条件，努力恢复被破坏的生态条件，合理利用已开发的和未开发的生态资源，促进第一、二、三产业融合发展，振兴乡村经济，促进乡村发展，缩小村与村、城与乡的发展差距，推动共同进步。

四、新桂村生活空间正义

（一）生活空间及生活空间正义的内涵

乡村生活空间是以农村居民点为主体、为农民提供生产生活服务的国土空间。如果说乡村振兴战略提出"产业兴旺、生态宜居、乡风文明、治理有效、生活富裕"的总要求，其中"产业兴旺"指向的是乡村生产空间实现了正义，"生态宜居"指向的是乡村生态空间实现了正义，那么"乡风文明、治理有效、生活富裕"指向的就是乡村生活空间实现了正义。进言之，乡村生活空间起码涉及文化、政治和社会三个维度。

首先，"乡风文明"是乡村文化空间正义的基础表征。

乡村文化空间是乡村文化及其载体构成的特殊场域。由于乡村文化本身具有多元性、复杂性，因此，如何让多元文化和谐共生以充分发挥实现乡村优序良俗的善治功能，是乡村文化建设过程中必须考虑的问题，乡村文化空间正义正是针对该问题提出来的。乡村文化空间正义要求乡村文化场域内各文化要素之间各安其分、各司其职、各尽其力，最终协同发展以形成价值引领与行为规约的合力，因此需要以乡村为载体和依托的各种文化要素彼此之间和谐共存，充分发挥乡村文化对乡村秩序的建构功能。

当下中国乡村文化和乡村经济一样，呈现出转型特征。从历时性维度来看，"在乡村社会与文化的快速转型过程中，以往人们在村落共同体或生活共同体中形成的一套核心的或中心的价值体系，如今则逐渐随着共同体的分化而分化，不同的个体或家户，都可以在共同体之外获得一定的发展机会，因而他们也就可以有着自己的一套价值原则，而且在有些情况下，不同个体或家户的价值原则相互之间也会存在断裂和冲突，也有可能与村落共同体的核心价值体系和乡村整体社会环境之间存在断裂和背离"①。因此，由于乡村社会的历史转变，乡村社会文化价值出现了分化，多元文化价值导致了个体、家户及乡村整体之间价值观上的矛盾和冲突。从共时性的角度来看，当下乡村文化呈现出空间二元性，乡村中外出流动者（2016年统计数据显示，7.9亿城镇人口中有2.2亿人户口在农村但一年中有超过半年在城镇劳动工作）的劳动工作部分与他们的居住生活部分是断裂、分隔开来的。他们在城市打工或从事经营活动的文化价值观与他们在乡村的家庭生活文化价值观是分裂的，他们既接受和认同前者，又无法回避后者，而这两者由于空间地域的悬隔，难免会出现文化价值方面的矛盾和冲突。时间视域下乡村传统文化价值观被破坏而新的乡村文化价值观尚未牢固确立所导致的文化价值分化及矛盾冲突以及空间视域下因乡村流动者周期性往返于乡村与城市之间所形成的乡村文化价值观的空间二元性，都是乡村从传统向现代转型过程中的显著特征，也都是导致乡村文化空间分裂、价值冲突、村民行为逻辑不确定的症结所在。因此，乡村文化空间要实现"正义"，实现有序和谐，最终发挥乡村文化的价值引领作用与行为范导功能，一方面要保持乡村文化要素的多样性，既不能以传统否定现代或以现代否定传统，也不能城、乡之间相互否定。如何辩证分析，以求同存异、和谐共处，或许是所有转型背景下乡村文化建设所应思考的问题。另一方面，在尊重乡村多元文化要素以和谐共存的基础上，只有秉持开放包容的文化心态，充分汲取各文化要素之所长，在此基础上形成用于指导乡村行事逻辑的稳固的文化精神或文化价值观，才能发挥乡村文化积极的、正面的价值判断与行为引领功能。

乡村振兴战略语境下"乡风文明"的实现关键在于对乡村文化价值内核的重塑，农村思想道德建设、发展提升农村优秀传统文化、加强农村公共文化建设、开展移风易俗行动等都必须围绕着乡村文化价值内核展开，而乡村文化价值内核重塑的过程其实就是转型背景下实现乡村文化空间正义的过程。只有实现乡村文化空间正义，乡民在转型背景下才能消除传统

---

① 陆益龙. 后乡土中国［M］. 北京：商务印书馆，2017：40.

与现代的张力，克服城市与乡村二元空间性对价值判断的不良影响，也才有确定的价值依循和合理的行为逻辑。因此，实现乡村文化空间正义是实现乡风文明的深层理据，乡风文明是乡村空间正义的基础表征，是乡村文化空间正义的生活化、直观化表达，二者互为表里。

其次，治理有效是现实乡村权力空间正义的重要考量。

党的十九大报告提出，健全自治、法治、德治相结合的乡村治理体系，是对乡村治理中权力空间正义的勾勒。

权力既是现代国家资源整合与配置的重要载体，也是实施治理的重要手段。现代化语境下，乡村治理离不开权力，与此同时，国家治理也无法搁置乡村，乡村是国家实施基层治理的最基本的空间和载体。国家权力与乡村空间的融合、互动一方面说明了乡村空间本身具有政治性，另一方面说明了乡村政治具有空间性。

乡村治理中权力空间正义指的是国家政治权力在乡村空间场域的运行中所达到的合宜状态。乡村不是现代国家的治外之地，为保持国家政治权力自身在广大农村的可持续存在，国家政治权力在乡村治理的过程中应"有所为而有所不为"。对此，国家权力如何确保既不戕害自身存在、运行的根基，又能最大限度地调动乡村发展的积极性？这正是乡村治理中权力空间正义所要着力解决的问题。具言之，乡村治理中的权力空间正义包含三个方面的内容：其一，国家权力在乡村治理中的运行应体现并维护相关主体的积极性和切身利益；其二，国家权力在乡村治理中的运行应恪守法律为其划定的边界；其三，国家权力在乡村治理中的运行非但不能损害自身效力，而且应该可持续地发挥作用。第一个方面要求进一步深化村民自治，第二个方面要求加强乡村法治，第三个方面则要求完善乡村德治。

村民自治是相对的，村民自治并不意味着农村与农民的绝对自由与自治，但也不是行政权力直接主导的村民自由与自治。在我国，村民自治从一开始就与国家政治权力有着千丝万缕的联系。从1988年《中华人民共和国村民委员会组织法》以下简称《村民委员会组织法》开始试行算起，村民自治制度依托国家权力在农村已经普遍推行了30多年。村民自治制度引入农村，被期待发挥治理和政治两重功能。治理功能主要是指，通过村民自治实现良好的社会秩序；政治功能是指，期待村民自治能够训练村民的政治素质，培育中国政治民主土壤，推动中国政治民主化改革[1]。不管是治理功能还是政治功能的发挥，乡村和村民都是乡村治理的主体，国家权力对乡村和村民所实施的治理只起到保障、引导和促进作用，但不能取而代之。就当下而言，国家政策的力量对乡村的经济和社会生活具有普遍而直接的影响[2]，国

---

① 贺雪峰.新乡土中国［M］.北京：北京大学出版社，2013：92.

② 陆益龙.后乡土中国［M］.北京：商务印书馆，2017：256.

家权力如何进入乡村在现代社会已经不再是问题，问题在于如何厘清国家权力与村民自治之间的关系。因此，要使中国的村民自治得到健康发展，必须既发挥政府权力的积极作用，使之逐渐走上正轨，又要使农民得到充分的自治，充分发挥他们的创造性。只有在二者的合力作用下，中国的村民自治才能是健康合理的[①]。国家权力可以为村民自治提供保障，但不能取代村民自治。

依法治村是依法治国的重要体现，乡村不是法外之地，而是法治建设的薄弱区，因此，加强法治是实现乡村振兴的重要抓手。法律既为国家权力在乡村治理中的运行划定了边界，也为村民最大限度地实现自身利益提供了保障。1988年《村民委员会组织法》试行，我国村民自治第一次有了法律保障。1998年《村民委员会组织法》经修订正式通过，规定了村民委员会实施自我管理、自我教育和自我服务的原则，确立了村民自治的主要内容：民主选举、民主决策、民主管理、民主监督，并规定了民主选举的程序。村委会直接选举制度迅速发展并健全起来，村务公开和民主管理逐步走向深化。2018年《中共中央 国务院关于实施乡村振兴战略的意见》围绕着"建设法治乡村"进一步提出六个方面的要求：第一，坚持法治为本，树立依法治理理念，强化法律在维护农民权益、规范市场运行、农业支持保护、生态环境治理、化解农村社会矛盾等方面的权威地位。这事实上强调国家权力在乡村治理中应秉持法治理念，为"三农"服务，捍卫法律权威。第二，增强基层干部法治观念、法治为民意识，将政府涉农各项工作纳入法治化轨道。这主要是针对国家权力的实施者——基层干部、政府及相关部门而言的，法律为乡村治理中的基层干部和政府制定了行为轨道，基层干部和政府应循道而行，不可僭越。第三，深入推进综合行政执法改革向基层延伸，创新监管方式，推动执法队伍整合、执法力量下沉，提高执法能力和水平。这是针对乡村治理中的执法情况提出来的，不能有效执法要么意味着存在国家权力无法触及的空间，要么意味着国家权力已经丧失了本有的约束力，不论是前者还是后者，都是国家权力在乡村治理中失灵的表现。因此，严格执法，对于乡村建设意义重大。第四，建立健全乡村调解、县市仲裁、司法保障的农村土地承包经营纠纷调处机制。其实，在乡村治理过程中，土地承包经营权、农民专业合作、村委会换届选举、农村土地征用补偿安置、乡镇依法行政、农村纠纷解决机制和农民权益保障、农民权利救济途径等诸多问题的解决都离不开法律，法律为事关"三农"的各种利益的分配、矛盾的调处提供了公允的标准，尤其是在乡村事务日益增多、利益格局日趋复杂的背景下，乡村治理越来越离不开法律。国家权力此时亟须落实为权利，为调解乡村主要矛盾、维护乡村及村民利益服务。第五，加大农村普法力度，提高农民法

---

① 赵秀玲.当前中国村民自治的难题及其突破 [J].社会科学辑刊，2003（6）：40-45.

治素养，引导广大农民增强尊法学法守法用法意识。与费孝通在《乡土中国》中针对传统乡村提出的"文字下乡"相比，当下中国广大乡村尤其需要"法律"下乡。作为乡村治理的主体，村民只有养成了法治意识、具备了法治素养，才能在国家权力的运行中依法维护自身利益。因此，如果说"文盲"只是把自己置身于文字世界之外，那么，"法盲"则是把自己隔绝于权力与权利世界之外。村民的法治素养直接影响乡村中国家权力的运行效果，只有村民积极依法维护自身利益，国家权力在乡村治理中才能得到有效约束，也才能充分发挥出促进与引导作用。第六，健全农村公共法律服务体系，加强对农民的法律援助和司法救助。以上六点，既是对乡村治理中国家权力运行的导引和限制，也为村民自治提供了保障。

德治是村民自治的基础，也是法治实施的保证，更是国家权力得以在乡村治理中可持续存在并发挥积极作用的根本所在。村民自治离不开法治，法治也需要保障村民自治，二者紧密关联。那么，乡村治理是否只需要法治和自治，而可以忽略德治呢？在理想境况下，一方面，村民组织起来能够自我管理、自我教育、自我服务；另一方面，法治在乡村实务中能够得以贯彻落实。这两方面完美结合，乡村治理似乎不在话下，此时，"德治"或显得多余，但现实不是理想，现实生活中，乡村治理受到血缘宗族、传统观念、风俗习惯、人情往来等多种乡村内生因素的影响，而这些内生因素主要指向打上了地方特色和传统烙印的伦理道德。因此，自治和法治若要发挥效力，必须处理好与伦理道德的关系。严格意义上，伦理道德作为一种精神或者意识，并不能成为乡村治理的一种方式，伦理道德倘若要发挥治理的功能就必须依托一定的组织和载体，"在乡村社会中，这个组织可以是家庭、宗族等血缘组织，还可以是乡村的自治组织，如村庄、村寨等"①，载体则是乡村治理中所涉及的权力、法律等各种资源。伦理道德价值或者规范与乡村社会中的各种组织、资源相结合，以解决乡村事务，实现优序良俗，该过程即为乡村德治。德治不是孤立的，《孟子·离娄上》中讲"徒善不足以为政，徒法不能以自行"，在乡村治理中，德治与法治是彼此关联、相互促进的。一方面，通过乡村德治，法治可以充分利用内生资源，为法律的有效实施提供基础；另一方面，乡村法治一定程度上可以促进德治。此外，村民自治也大多依托乡村社会组织及各种内生资源实施治理，违背伦理道德价值及规范的乡村自治通常是无效的，乡村自治也离不开德治。因此，不论是从伦理道德的精神、意识形态来看，还是从伦理道德与乡村社会里的内生资源的关系来看，乡村德治本身都具有基础性和渗透性，也正因如此，乡村德治并不是完全独立的。事实上，不论乡村法治还是自治，其中都蕴含着德治，否则自治和法治就会丧失合理性（不被村民接受和认同）和合德性（不符合"得所当得"的正义之德）。乡村伦理道德

---

① 邓大才.走向善治之路：自治、法治与德治的选择与组合——以乡村治理体系为研究对象［J］.社会科学研究，2018（4）：32-38.

即便在今天依然是杜赞奇意义上农村"权力文化网络"的重要组成部分，从国家权力在乡村治理中的运行来看，合乎伦理道德既是国家权力进入乡村空间的重要门径，也是其在乡村可持续存在、发挥积极作用的根本所在。

国家权力对村民自治的保障，法治对乡村治理中国家权力的约束与引导，以及德治对国家权力在乡村治理中可持续存在的支撑，既确证了自治、法治、德治"三治一体"，也充分说明了国家权力在乡村治理中作用的发挥有待于"三治一体"乡村治理体系的完善与推进，治理有效在此意义上成为现实乡村权力空间正义的重要考量。

最后，生活富裕是实现乡村社会空间正义的检测依据。

乡村社会空间是乡村主体（包括基层政府、干部、村民等）在自然空间基础上经由实践形成的空间场域。乡村社会空间事实上是乡村自然生态空间、生产生活空间、精神文化空间、权力空间等形成的综合体，它是实践的产物。乡村社会空间正义是指乡村主体在通过实践（包括乡村事务的治理）建构乡村社会空间的过程中，各个空间以及每个空间的各生成要素之间能够和谐共生、相互促进，形成良性循环的有机整体。

自然生态是乡村社会空间得以形成的基础，乡村社会空间正义要求人与自然之间和谐共存，集中体现为生态宜居。如前所论，生态宜居是人与自然生态实现了双向互动的一种平衡和谐状态，生态宜居预示着乡村治理中处理好了人与自然生态的关系，亦即满足了社会空间实现正义的前提性条件。

物质生产是乡村社会空间构建和变迁的主要动力，乡村社会空间的扩展、深化及其正义的实现要求乡村各产业协调发展，其直观呈现就是产业兴旺。严格意义上讲，乡村产业包含了农业和第二产业、第三产业的所有门类，但乡村产业振兴不可能是所有产业门类的振兴，乡村产业兴旺也不意味着所有乡村行业都一样的繁荣昌盛。乡村各有不同，乡村产业兴旺要围绕着各自既定的空间资源在尊重差异和正视特色的基础上，根据自身实际情况，有重点地推动某些产业的发展，以此推动乡村经济社会的进步，改善乡村社会空间。乡村生产空间正义本质上是一种差异性正义，不可能强求划一。

精神文化生产是乡村社会空间构建的重要维度，乡村社会空间中行事逻辑的形成、价值理念的凝聚和基本共识的达成均有赖于乡村文化建设的推进，乡风文明是首要的。乡风即乡村社会空间中的风气、风俗或者风尚，它是在乡村空间范围内被普遍认可的、行之有效的处事逻辑和行动指南，是一种约定俗成的不成文的规约，是一种深深打上地方特色烙印的物质文化、精神文化、制度文化和行为文化构成的综合体。在当下，大部分乡村乡风不文明主要由两方面的原因引发：其一，传统乡村共同体价值崩解而现代意义上的乡村价值观尚未得以确立；其二，城乡之间存在着价值错位。如何重塑乡村文化价值内核，并在此基础上移风易俗，是乡村社会空间正义不可回避的问题。

如前所论，乡村治理事实上也是重塑、优化乡村社会空间，实现乡村社会正义的过程，治理有效是基本要求。健全和完善自治、法治和德治，既是为了使乡村治理中的国家权力在规定的范围内有效运行，也是为了使乡村社会空间经由治理进一步得到优化和完善。

结合上述分析，在乡村治理过程中，倘若生态宜居、产业兴旺、乡风文明、治理有效，那么，乡村社会空间正义也就实现了。如何衡量？生活富裕是基本的检测依据。生活富裕是立足乡村村民个体或集体立场针对乡村治理所提出的总体性要求。在乡村社会空间范围内，"生态宜居、产业兴旺、乡风文明、治理有效"最终归宿都是乡民的生活。乡民生活富裕才是乡村振兴的根本所在，此处的"生活富裕"既是指产业兴旺所带来的乡村物质财富充分涌流，也是指乡风文明所表征的精神财富的可持续增值，而富裕的上述维度的实现以人与自然生态和谐共存为前提，以国家权力在乡村治理中的高效运行为基础。因此，从根本上看，生活富裕既是实现乡村社会空间正义的检测依据，也是乡村振兴战略的出发点和落脚点。

（二）新桂村生活空间及其存在的问题

我们在调研新桂村"乡风文明"之维时，主要问了以下问题：

第一，村民对"乡风文明"的总体感知情况较好，多数村民认为村里风气较好。在被问及"村里的风气好不好"时，在183个调查对象中，有157人回答"好"，占总样本的85.8%；有26人回答"不好"，占总样本的14.2%，如图3-11所示。调查对象大多反映新桂村这几年基本"夜不闭户""路不拾遗"，不存在偷盗、吸毒等现象，邻里关系也比较和睦，尊老爱幼。查阅村民基本档案，也未发现近几年有重大刑事伤人案件。此外，有部分调查对象表示村里面还是存在赌博、打麻将等现象，平时不是很多，过年过节会严重一些。另外，村民在衣、食、住、行等方面还是存在着一定的攀比心理。

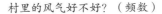

村里的风气好不好？（频数）

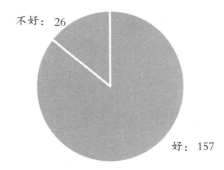

不好：26

好：157

图3-11 新桂村"乡风文明"的总体情况

（数据来源：调查问卷整理）

第二，村民对小学教学质量普遍满意。在被问及"村里的小学教育质量，你满意吗"时，有27人回答"不满意"，占总样本的14.8%；有156人回答"满意"，占总样本的85.2%，如图3-12所示。这说明新桂村村民普遍对该村的小学教育质量感到满意。2018年全村九年义务教育在校生244人，全部享受了"三免一补"等教育政策扶持，义务教育保障率达到100%。

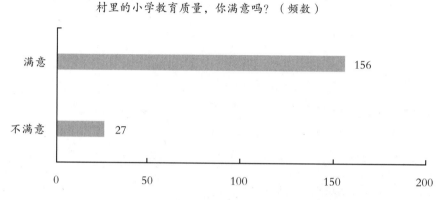

图3-12　新桂村村民对新桂小学教育质量的满意度

（数据来源：调查问卷整理）

第三，新桂村存在着一定的人情攀比现象。在被问及"村里的亲戚朋友在人情（或办酒席的份子钱）方面存在攀比的情况吗"时，在183个调查对象中，有146人回答"存在"，占总样本的79.8%；有37人回答"不存在"，占总样本的20.2%，如图3-13所示。其中部分调查对象比较理性，表示大家的份子钱都是根据自家经济情况或者与主人家的关系给的。份子钱攀比是一种空间物化的现象，人情关系用金钱来衡量和维持。这也反映了新桂村仍需要移风易俗，有必要培育简单、朴实的社会风气。

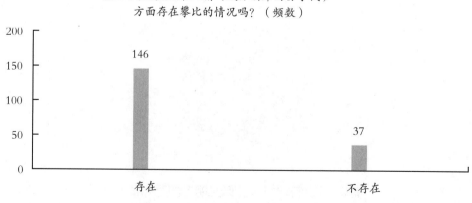

图3-13　新桂村村民人情攀比情况

（数据来源：调查问卷整理）

我们在调研新桂村"治理有效"之维时，主要问了以下问题：

第一，新桂村治安情况较好。在被问及"村里的治安情况如何"时，有109人回答"很好"，占总样本的59.6%；有67人回答"一般"，占总样本的36.6%；有7人回答"不好"，占总样本的3.8%，如图3-14所示。

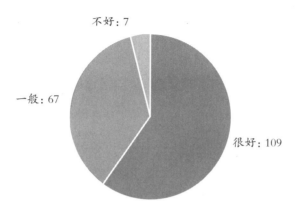

村里的治安情况如何？（频数）

图3-14　新桂村的治安情况

（数据来源：调查问卷整理）

第二，新桂村村民对村支书工作满意和不满意的几乎各占一半。当被问及"你对村支书的工作是否满意"时，有99人回答"满意"，占总样本的54.1%；有84人回答"不满意"，占总样本的45.9%，如图3-15所示。访谈中得知，满意的理由主要在于这两年村支书还是干了些事，没有出现贪污腐败的情况；不满意的理由主要是村支书没有魄力，干事迈步子太小。

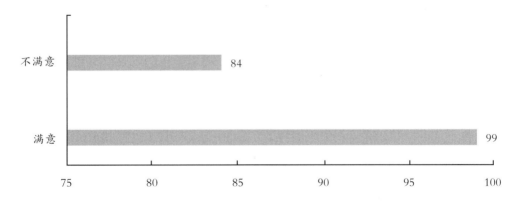

你对村支书的工作是否满意？（频数）

图3-15　新桂村村民对村支书工作的满意度

（数据来源：调查问卷整理）

第三，新桂村村民对村务基本能够实现有效的自治。在被问及"村里面1年一般开几次大会"时，在183个调查对象中，有130人回答"1~3次"，占总样本的71.0%；有4人回答"不开"，占总样本的2.2%；有49人回答"3次以上"，占总样本的26.8%，如图3-16所示。由此可以看出，村民自治会议的召开次数至少1年1次，基本能满足村民对村务的自治要求。

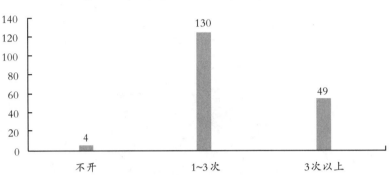

村里面1年一般开几次大会？（频数）

图3-16　新桂村每年召开村民自治大会的次数

（数据来源：调查问卷整理）

第四，新桂村法治尤其是法律宣讲亟须推进。在被问及"村里面来过工作人员进行法律方面的宣传咨询吗"时，有49人回答"来过"，占总样本的26.8%；有96人回答"没有"，占总样本的52.4%；有38人回答"不知道"，占总样本的20.8%，如图3-17所示。这说明新桂村的法律宣传还不到位，法治水平需要提高。一个村有半数的人没听说有法律宣传与咨询，若以城市背景观之，则体现了城市对乡村在法治方面（至少是法律制度宣传、咨询上）的一种空间区隔。

村里面来过工作人员进行法律方面的宣传咨询吗？（频数）

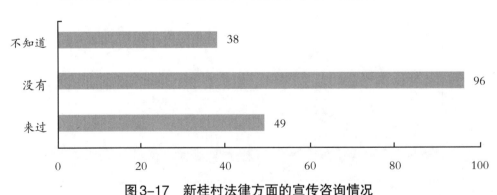

图3-17　新桂村法律方面的宣传咨询情况

（数据来源：调查问卷整理）

第五，新桂村德治水平有待提升。在被问及"村里面有没有德高望重、能够号召大家的人物"时，有40人回答"有"，占总样本的21.9%；有143人回答"没有"，占总样本的

78.1%，如图3-18所示。这说明新桂村缺少德高望重的人去引导、号召村民自治。德高望重的人在一定程度上能体现一个村的德治情况，新桂村没有德高望重的人在一定程度上也说明了新桂村的德治有待推进。

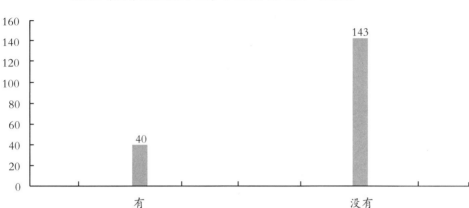

图3-18 新桂村的德治水平

（数据来源：调查问卷整理）

我们在调研新桂村"生活幸福"之维时，主要问了以下问题：

第一，将近一半村民没有稳定的增收渠道。在被问及"你有没有稳定的增收渠道"时，有99人回答"有"，占总样本的54.1%；有84人回答"没有"，占总样本的45.9%，如图3-19所示。

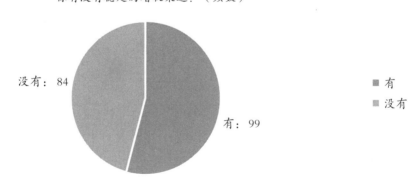

图3-19 村民有无稳定的增收渠道

（数据来源：调查问卷整理）

第二，村里还未能直接收发包裹和快递，生活便利度有待提升。在被问及"包裹和快递能直接送到村里来吗"时，在183个被访问对象中，有183人回答"不能"，占总样本的100%；有0人回答"能"，如图3-20所示。

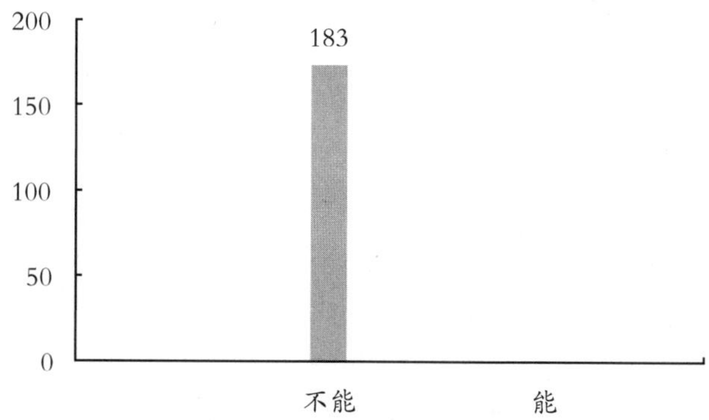

包裹和快递能直接送到村里来吗？（频数）

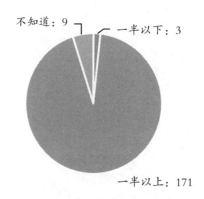

图3-20　新桂村直接收发包裹和快递情况

（数据来源：调查问卷整理）

第三，新桂村一半以上的人家装有互联网。在被问及"村里有多少人家安装了互联网"时，有171人回答"一半以上"，占总样本的93.4%；有9人回答"不知道"，占总样本的4.9%；有3人回答"一半以下"，占总样本的1.7%，如图3-21所示。据悉，截至2017年年底，新桂村100%农户家中都接通生活用电，有659户农户家中有电视（电脑、智能手机），能收看中央和广西电视频道或上网，了解中央和自治区方针政策、新闻信息，比例达到100%。

村里有多少人家安装了互联网？（频数）

不知道：9　　　　　一半以下：3

一半以上：171

图3-21　新桂村农户家中互联网安装情况

（数据来源：调查问卷整理）

第四，大部分村民认为"低保"的评定相对公平。据悉，新桂村全村有40户贫困户108人符合低保条件，全部享受到低保政策的扶持。在被问及"你觉得村里的低保评定公平吗"时，在183个被访问对象中，有147人回答"公平"，占总样本的80.3%；有36人回答"不公平"，占总样本的19.7%，如图3-22所示。

你觉得村里的低保评定公平吗？（频数）

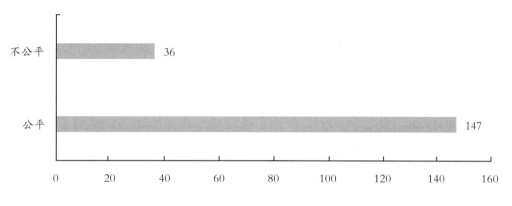

图3-22　新桂村低保评定情况

（数据来源：调查问卷整理）

第五，村里有卫生所，但距离很远，看病不方便，村民看病要么去大良镇，要么去潭头乡人民政府驻地。在被问及"村里有卫生所吗"时，有164人回答"有"，占总样本的89.6%；有19人回答"没有"，占总样本的10.4%，如图3-23所示。追问回答"有"的被访问者，普遍说有卫生医疗所，有村医，但距离很远，看病不方便，村民看病一般去乡里或者直接去大良镇。

村里有卫生所吗？（频数）

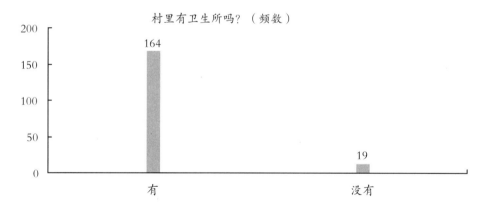

图3-23　新桂村拥有卫生所的情况

（数据来源：调查问卷整理）

第六，新桂村全村479户农户有无害化卫生厕所，比例达到73%，但村中没有公共厕所（高阳景区内的除外）。在被问及"村里有公共厕所吗"时，有178人回答"没有"，占总样本的97.3%；有5人回答"有"，占总样本的2.7%，如图3-24所示。

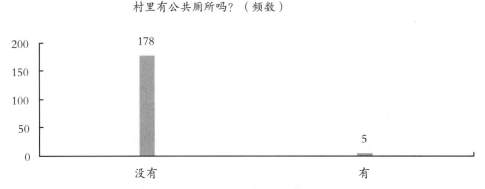

图3-24　新桂村拥有公共厕所情况

（数据来源：调查问卷整理）

第七，部分乡村基础设施的建设存在"邻避效应"，影响了周边村民的生活。乡村"邻避效应"（Not In My Back Yard）是指村民或当地村屯因担心建设项目（如垃圾场、核电厂、殡仪馆等邻避设施）给身体健康、环境质量和资产价值等带来诸多负面影响，从而激发人们的嫌恶情结，滋生"不要建在我家后院"的心理，即采取强烈和坚决的、有时高度情绪化的集体反对甚至抗争行为。在调研中我们发现，新桂村南寨村口已经建成的110kV新桂变电站存在着"邻避效应"。南寨村民反映了两个方面的情况：一方面，对变电站用地问题，南寨与隔壁三盏村之间存在争议；另一方面，变电站本身存在辐射，居住在附近的村民担心会影响健康，尤其是影响老人和小孩的健康。

总体来看，新桂村的生活空间不论是"乡风文明"维度、"治理有效"维度，还是"生活富裕"维度，都取得了一些成绩，呈现出良好的发展态势，但其问题也是显而易见的。因此，实现生活空间正义，首先应该解决上述显而易见的问题。

（三）生活空间正义在新桂村的实现

党的十九大提出了"乡风文明、治理有效"的乡村振兴战略，新桂村应抓住这一发展机遇，积极顺应党的十九大乡村振兴战略，完善新桂村的生活空间，实现新桂村的生活空间正义。

在生活习俗方面，新桂村的生活空间主要以其村民的生产、生活、生态空间为基础，生活空间正义主要表现为村民的生产、生活、生态三者之间的有序联系，即人在自然界中与动植物、微生物等其他因素的密切配合。新桂村以水稻为第一产业，村民表示村里化肥、农药的使用有所减少，保持了原有的生态农业。在十九大乡村振兴战略的支持下，新桂村以采砂场、高阳古寨等第二产业、第三产业带动本地的发展。新桂村实行相关的林木、绿地保护制度，保持村里空气清新，大部分村民认为新桂村自然生态宜居。新桂村生活垃圾集中处理，村民利用禽畜粪便做堆肥、做沼气。新桂村基本实现通电、通路、通车、通互联网，村民生活便捷。

在文化信仰即乡风文明方面，新桂村的生活空间正义也得到基本实现，村民对新桂村村风表示满意。新桂村村委会现有办公楼1栋、300米长的宣传栏；村里有篮球场3个、文化室2个、戏台1个、农家书屋1间；村里还有文艺队，文化生活丰富。调查小组下户填写问卷时了解到今年村里有人考上了大学，组员对其中两户进行了深度访问，其中一家人表示"虽然家庭属于贫困户，但孩子的教育不能落下，只要孩子想读书，就尽可能想办法"。

从调查中我们发现，新桂村在中国的乡村中具有典型的代表性。新桂村所表现出的生活空间正义问题，正是中国乡村生活空间正义问题的缩影，而要想实现新桂村的生活空间正义，我们认为，应从三个方面入手：其一，兴办教育。"百年大计，教育为本。"对个人来说，教育是每个人生活的准备，它通过向个人传递文化，帮助人超越一己之见去掌握前人的经验、分享人类世代积累的知识财富，获得独立生活的必要前提。除此之外，它还唤醒了人的潜能，使人不断提高和革新自己，从而开辟人类发展的道路，奠定走向未来的基础。对国家来说，教育是立国之本，是民族兴旺的标记。一个国家有没有发展潜力看的是教育，国家富不富强看的也是教育。无论什么时代、什么社会、什么制度，这个国家向哪方面发展，教育都是不可忽视的。新桂村作为一个待发展的村落，要想更好地实现自身的生活空间正义，需建立满足人民需求的中小学。此外，新桂村还需招聘一部分踏实肯干的教师，有能够满足人们教育需求的好学校、无私奉献的好教师，新桂村的教育方有发展之势。其二，举办各种活动不断丰富村民的生活，是新桂村实现生活空间正义的另一重要途径。例如，定期组织各类球赛、文艺晚会以及其他娱乐活动，搭建球桌球场，开设农家书屋和修建广场等，不断地丰富新桂村村民的生活，给新桂村的生活空间灌入新的血脉。其三，保护村民的信仰。信仰是人精神世界的寄托与依靠，是否有一定的精神信仰是一个民族是否具备活力的重要评判标准。在调研中，我们发现，新桂村具有浓厚的乡土文化气息，村民的信仰深深地扎根在这浓厚的文化乡土里。例如，新桂村中心小学操场上的两棵大树，寄托着许多村民的乡愁，有村民曾表示，每每看到那两棵大树，总能唤起儿时与伙伴在树下嬉戏玩闹的记忆，甚是怀念。新桂村的一草一木，早已被新桂村村民寄托了乡愁。因此，保护村民的信仰与保护当地的植物密不可分。

除此之外，新桂村应根据村情和脱贫攻坚、乡村振兴工作任务，协调整合各资源组织实施建档立卡贫困户精准脱贫、基层党组织能力提升、村集体经济壮大、公共服务设施完善、贫困群众脱贫能力建设、特殊困难人群与留守儿童关爱服务、村民村事纠纷调解、儿童家园建设等工作项目，推动脱贫攻坚与乡村振兴工作落地取得实效，更好地实现该村的生活空间正义。

五、新桂村空间问题及其治理

（一）新桂村空间剥夺及治理

空间剥夺行为是指强势地区和群体基于空间位置关系及行政强势手段等，掠夺弱势区域和群体的多种资源与发展权利等，并转嫁各种污染等一系列不公平和非合理的经济社会活动[①]。目前对于空间剥夺现象的研究主要是针对城市圈中"贫民窟"的研究，而乡村的空间正义很少有学者涉及，但对于有着大片乡村区域的中国来说，乡村空间正义是一个不容忽视的问题。由剥夺造成的贫困是阻碍平衡发展的重要因素，而空间剥夺是阻碍城乡、城市与城市、城市圈内不平衡发展的重要原因。

乡村区域不仅是城乡空间利益冲突的场所，也是城乡特性产生剥夺与重构的竞技场[②]。新桂村是"十三五"时期二类贫困村，为响应党的十九大将乡村振兴作为全面建成小康社会的重要战略的要求，积极开展扶贫工作，但由于剥夺造成的贫困一直是扶贫工作的难题，空间剥夺阻碍了城乡之间的联系、阻碍了乡村的发展。

资源分配不合理，产业发展严重不平衡。在调研走访的过程中，我们了解到：新桂村基本以第一产业为主，第二产业、第三产业较少，有着13个自然屯的新桂村只有一两家小型的木材厂、一座采砂厂、一座产业园和一个特色古寨，规模都不大，工人以当地的农民为主，专职工人很少，农民只是在农闲时去打零工。

年轻劳动力大量外流，大龄劳动力仍坚守岗位，劳动力资源严重失衡。在调查中发现，村里一半以上的年轻人外出打工。大城市经济的发展，高薪资、高福利的待遇使得村里的年轻人都往大城市涌动，留下老一辈人在村里生活，使得田地里的农活只能由老一辈人来承担，所以村里土地荒芜情况也比较严重，这也导致了村里土地资源的浪费。

公共资源缺乏，选址不合理。长期以来，我国的发展重心在城市，农村公共服务设施的建设相对落后，导致其服务水平与城市存在着明显差距。新桂村全村总面积9.7平方公里，有13个自然屯；只有1栋小小的办公楼、2个文化室、1个戏台、1间农家书屋。没有公共厕所、公共图书室和村民集体开会场地，各屯开会都是就近找一个开阔的地方进行。公共场地的缺乏使得各屯之间的人际往来较少、各种联系较少，不便于村民及时了解政策。在调研走访和问卷分析的过程中我们发现这一弊端尤为明显，各屯之间对于一年内村里召开几次大会有明显不同的回答。离新桂村村委会近的屯召开会议的次数比较多，离新桂村村委会较远的屯则表示没参加过会议。

---

① 方创琳，刘海燕.快速城市化进程中的区域剥夺行为与调控路径［J］.地理学报，2007（8）：849-860.

② 范建红，魏成，谢涤湘.空间剥夺视角下的乡村贫困研究述评［J］.世界地理研究，2018，27（1）：121-128.

针对以上空间剥夺行为，我们可以采取以下措施：

第一，以产业为连接，多平台分配资源。这是消除空间剥夺的第一步，也是最重要的一步。如前所述，乡村产业的发展离不开土地、水、矿产、自然景观、劳动力、农产品等空间资源。如何借助现代科学技术和社会主义市场机制，通过公共政策，激活乡村的内生资源？新桂村现以"3+1"特色产业模式带领村民进行脱贫，村民可以以水稻种植为地基，以"3+1"特色产业为栋梁，以农村合作社或产业种植园为平台，联系各村各屯进行流水线式的生产服务，因地制宜根据各村（屯）实际情况种植特色产业；把闲置的土地充分利用起来，可用于扩大生产规模、延长产业链。

第二，制订人才保留计划，留住年轻劳动力。青年群体是社会发展的动力，利用政策、现有资源留住农村年轻劳动力，是实现乡村空间正义、消除空间剥夺的重要一步。新桂村目前还没有保留年轻劳动力的相关政策和福利，村里年轻劳动力大量外流。现阶段村里应根据现有的政策，制订出符合本村实际情况的人才保留计划。

第三，合理修建公共设施，避免"邻避效应"。农村公共服务设施配置水平的提高是新农村建设的重点，也是社会主义新农村规划建设的主要内容，更是实现乡村空间正义、缩小城乡差距的重要步骤。目前，新桂村还是一个贫困村，公共设施建设的支出还需依靠市政府和中央政府的支持，所以市级、国家级政府应专门制定相应的条款去扶持农村的公共设施建设。在修建公共设施的过程中，要合理规划选址，避免"邻避效应"给村民造成二次伤害。

（二）新桂村空间区隔及治理

"区隔"是布迪厄阶层理论中的关键词，本文使用布迪厄"区隔"一词来表现在户籍、环境等空间方面的"区分"和"差异"，以此描述乡村与城市的分布状态，分析乡村与城市空间区隔形成的障碍因素。

地理空间区隔。新桂村是柳州市潭头乡东部的一个行政村，东邻大良镇，南靠新林村，西靠潭头村，地理位置相对城市来说比较偏僻。从柳州市区乘坐专用的长途大巴，历经一两个小时的车程，才能到达新桂村。

城乡户籍制度造成的区隔。城乡二元户籍制度使城乡人在求职、求学以及社会福利保障方面都不一样。

地理空间区隔是难免的，但我们要做的是打破社会的空间区隔。其一，打破地理区隔。交通是联系地区空间的主要纽带，也是打破空间区隔的重要因素。因此，要完善交通运输，建立辐射状的交通信息网。其二，加快城乡一体化建设，破除内化区隔。推进户籍制度改革，促进农业转移人口市民化，实现城乡医保一体化。

（三）新桂村空间物化及治理

空间物化是一种人的发展单向地被社会空间决定的状态，是现代城市化发展的必然阶段。空间物化是空间资本化推动的结果，同时空间物化也导致了空间资本的加剧。在城市化愈演愈烈、城乡差距不断拉大的情况下，中国的乡村也在悄然地发生着改变。乡村的空间不再是农民进行农业生产、生活的"场所"，而是转变为农民感性实践活动的主要对象，成为社会生产不可或缺的要素之一。空间资源被分割成为空间商品，成为一种具有使用价值和价值的商品。空间逐步成为资本增值和资本表达的载体（如房地产行业的空间），空间也因此具有了社会性[1]。新桂村空间物化的具体表现如下：

第一，钱重人轻。中国经济正在腾飞，人们的物质财富飞速增长，人们却在物质金钱的洪流中迷失了自我。"金钱至上"的观念正侵蚀着淳朴的乡村。在调研中我们发现新桂村存在这样一种现象——份子钱攀比，村里或亲戚家做红白喜事时谁家随的份子钱多就和谁家亲近，现在也不流行送礼品，直接一个红包就可以了。虽然现在占的比重不大但长此以往未必不会成为村里的一种风气。

第二，文物商化。文物作为一种公共资源本应让全人类共享，但受现代社会金钱观的影响而逐步商业化（如收费游览）。新桂村内有一个高阳古寨，高阳古寨是以老式民居的泥土房为主的，有历史痕迹的寨子，寨子内有荷花池等一系列风景，环境良好，但与其他同类的小镇如陕西的窑洞和江南水乡的小镇等相比相去甚远。正是这样一种情况，竟然要收取门票。与之相对应的是，有座清代的小型石拱桥，后因改道修路，废弃在公路旁，被杂草覆盖，无人问津，我们调查小组也是在极其偶然的情况下才看到的。不管是什么样的文物，我们都应尊重和保护，它们都是我们全人类的宝藏。

空间物化是社会发展到一定阶段的产物，作为社会主体的个人必然要经历从空间物化到空间与人和谐发展的历史阶段，人的自由全面发展必然意味着空间的扩大及优化。对于空间物化，我们要尽力去克服其带来的消极影响，尽早实现个人与空间的和谐发展。

要树立正确合理的金钱观，践行绿色可持续的经济行动。空间物化的形成与人们的金钱观紧密相连，攀比、贪婪的金钱观是推动新桂村空间物化形成和发展的重要影响因素。

六、结论

空间是乡村建设、发展最基本的载体，乡村也在建设、发展中形塑新的空间。乡村建设

---

[1] 李建华，袁超．论空间物化［J］．求索，2014（4）：75-79.

倘若不能生产一个适宜的空间，那么"改变生活方式""改变社会"等都是空话[①]，国家繁荣、民族振兴也无从谈起。

党的十九大明确指出实施乡村振兴战略的总要求是"产业兴旺、生态宜居、乡风文明、治理有效、生活富裕"，这既是对理想乡村空间的形象勾勒，也是对实现乡村空间正义的价值标举。产业兴旺是实现乡村生产空间正义的基本诉求，生态宜居是实现乡村生态空间正义的题中应有之义，乡风文明是乡村文化空间正义的基础表征，治理有效是现实乡村权力空间正义的重要考量，生活富裕则是实现乡村社会空间正义的检测依据。由此可见，实现乡村空间正义是乡村振兴的内在诉求。

中国有很多村庄也像新桂村一样存在着一系列的问题，这些问题的解决事实上是一个逐渐实现空间正义的过程，也是乡村振兴战略得以实施推进的过程。我们对新桂村的调研，旨在选取一个典型，并以点带面，为其他地区乡村空间正义的实现提供思路和可操作性智力支持。

---

① 包亚明. 现代性与空间的生产［M］. 上海：上海教育出版社，2003：48.

附件一

广西乡村空间正义调研问卷

您好！

我们是×××大学的学生。实施乡村振兴战略，是党的十九大作出的重大决策部署，是决胜全面建成小康社会、全面建设社会主义现代化国家的重大历史任务，是新时代"三农"工作的总抓手。为了充分了解广西乡村空间正义的具体情况，以助力党和政府更好地实施乡村振兴战略，特进行此次问卷调研。为保护您的隐私，调研问卷不记名，请放心填写并如实反映情况。衷心感谢您的理解与配合！祝您身心健康、家庭幸福！

——广西乡村空间正义调研组

1.你听说过十九大提出的乡村振兴战略吗？

A.有　　　　　　　　B.没有

2.村里外出打工的人多吗？

A.有，大部分的青壮年　　B.有，少部分外出打工　　C.不知道　　D.其他

3.这两年村里有没有出现田地荒芜不种的情况？

A.有　　　　　　　　B.没有

4.村里有没有违规占用水田或者耕地的情况？

A.有　　　　　　　　B.没有

5.村里有没有特色资源（如特色农产品、旅游资源、矿产资源等）？

A.有　　　　　　　　B.没有

6.村里有产业（除农业外的第二、三产业）吗？

A.有　　　　　　　　B.没有

7.你感觉村里的自然生态环境是否宜居？

A.宜居　　　　　　　B.不宜居

8.村里的自然环境（如空气、水体、森林等）有没有被污染破坏？

A.有　　　　　　　　B.没有

9.村里对林木、绿地等有相关的保护制度吗？

A.有　　　　　　　　B.没有

10.村里面禽畜粪污一般是如何处理的？

A.做堆肥　　　　　　B.直接倒掉　　　　　C.做沼气　　　D.其他用途

11.目前村里化肥、农药的使用是否减少了？

A.没有   B.减少了

12.村里有没有沼气池？

A.有   B.没有

13.村里面有生态旅游或者生态农庄（农家乐之类的）吗？

A.有   B.没有

14.村里的风气好不好？

A.不好   B.好

15.今年村里有考上大学的吗？

A.有   B.没有

16.村里面有看书、看报的公共图书室吗？

A.有   B.没有

17.村里面有没有文物古迹或者著名的文化人物？

A.有   B.没有

18.村里的亲戚朋友在人情（或办酒席的份子钱）方面存在攀比的情况吗？

A.存在   B.不存在

19.村里的治安情况如何？

A.很好   B.一般   C.不好

20.你对村支书的工作是否满意？

A.满意   B.不满意

21.村里面1年一般开几次大会？

A.不开   B.1~3次   C.3次以上

22.村里面来过工作人员进行法律方面的宣传咨询吗？

A.来过   B.没有   C.不知道

23.村里面有没有德高望重、能够号召大家的人物？

A.有   B.没有

24.村里的小学教育质量，你满意吗？

A.满意   B.不满意

25.你有没有稳定的增收渠道？

A.有   B.没有

26.包裹和快递能直接送到村里来吗?

A.能　　　　　　　　B.不能

27.村里有多少人家安装了互联网?

A.一半以下　　　　　　B.一半以上　　　　　　C.不知道

28.你觉得村里的低保评定公平吗?

A.公平　　　　　　　　B.不公平

29.村里有卫生所吗?

A.有　　　　　　　　B.没有

30.村里有公共厕所吗?

A.有　　　　　　　　B.没有

31.你对乡村振兴,有何建议?

_____

_____

附件二

广西乡村空间正义访谈提纲

1.潭头乡及新桂村自然地理条件、历史沿革、一般人口学特征等基本情况。

2.潭头乡及新桂村的（农业、工业、服务业等）生产空间现状及其存在的问题。

3.潭头乡及新桂村的生活空间（家庭、学校、祠堂、庙会、田野、工厂、集市等）现状及其存在的问题。

4.潭头乡及新桂村（自然环境、景观、矿产资源等）生态空间现状及其存在的问题。

5.潭头乡及新桂村的生命空间（历史渊源、文化习俗、家风家教、信仰、村民价值观等）现状及其存在的问题。

6.针对潭头乡及新桂村四大空间（生产空间、生活空间、生态空间、生命空间）现状及其存在的空间正义问题，探讨造成问题的原因，并提出解决对策。

备注：本提纲主要针对乡政府及其村委会，对村民的访谈在入户填写问卷的过程中同时进行。

强化新型工农城乡关系是实现社会主义现代化的关键举措

党的十九届五中全会通过的《中共中央关于制定国民经济和社会发展第十四个五年规划和二〇三五年远景目标的建议》指出，要坚持把解决好"三农"问题作为全党工作重中之重，走中国特色社会主义乡村振兴道路，全面实施乡村振兴战略，强化以工补农、以城带乡，推动形成工农互促、城乡互补、协调发展、共同繁荣的新型工农城乡关系，加快农业农村现代化。这是以习近平同志为核心的党中央在科学把握工农城乡关系当前实际和未来趋势的基础上所作出的重大战略部署，是对新阶段我国工农城乡发展远景目标的描述，是《共产党宣言》"把农业和工业结合起来，促使城乡对立逐步消除"理念的实践表达。

新型工农城乡关系是一种平等、互利、共赢的新型联系。在党的十九大提出实施乡村振兴战略重塑城乡关系的基础上，党的十九届五中全会进一步提出形成新型工农城乡关系，旨在破除重工轻农的思想观念，矫正重城轻乡的价值偏差，从价值取向层面终结城市中心主义、工业优先倾向，在政策导向上致力确立平等的城乡关系，秉持互利逻辑，最终实现城乡平等交互和高质量融合发展。

新型工农城乡关系是解决我国社会主要矛盾的重要抓手。习近平同志在十九大报告中强调，中国特色社会主义进入新时代，我国社会主要矛盾已经转化为人民日益增长的美好生活需要和不平衡不充分的发展之间的矛盾。当前我国经济社会发展中面临的最大的不平衡是城乡发展不平衡，最大的不充分是农村发展不充分。因此，解决发展的不平衡和不充分问题，关键在于缩小城乡发展差距，强化新型工农城乡关系。就此而论，新型工农城乡关系是基于工农城乡视角解决不平衡和不充分发展矛盾的逻辑使然，是新的发展阶段解决我国社会主要矛盾的重要抓手。

强化新型工农城乡关系是扎实推动共同富裕的制度安排。党的十九届五中全会提出，要"扎实推动共同富裕"，到2035年使全体人民共同富裕取得更为明显的实质性进展。全体人民共同富裕逻辑上包括广大农村农业人口实现富裕。强化新型工农城乡关系可以为农村农业人口提供更多机会和利好条件，可以推进城乡之间利益、权利的科学合理分配，可以让农村农业人口平等地参与社会主义现代化建设，共享改革开放和现代化成果。因此，强化新型工农城乡关系是实现共同富裕的重大制度安排。

强化新型工农城乡关系促进乡村振兴和新型城镇化有机结合。强化新型工农城乡关系，不仅可以为乡村振兴提供更广阔的市场需求、更雄厚的资金保障、更便捷的智力支持、更强大的技术支撑，从而为乡村振兴提供源源不断的发展动力，还有利于提升城镇的人口集聚能力，拓展城镇的产业空间布局，提高城市资源的利用效率，进而缓解当前城市发展中出现的多种突出问题。

如何强化新型工农城乡关系？以工补农、以城带乡，工农互促、城乡互补，协调发展、共同繁荣是其重要路径。"工农互促"意味着在农业为工业提供原材料的同时"以工补农"，以工业发展带动农业机械化、产业化、规模化，以新一轮科技革命带动工业、农业智慧化融合发展；"城乡互补"意味着在乡村为城市提供生活资料、生产要素、生态环境支持的同时"以城带乡"，促进城市人才、资本、技术等返乡入乡，实现城乡要素自由流动和平等交换；"协调发展"意味着通过"工农互促""城乡互补"实现工农协调、城乡协调，进一步实现更广义的工业化、信息化、城镇化和农业农村现代化的同步推进；"共同繁荣"意味着在"协调发展"的基础上，实现城乡经济、文化、社会、生态、政治的全面繁荣，实现人的全面自由发展。新发展阶段新型工农城乡关系的上述路径相互联系、层层递进。

强化新型工农城乡关系，是立足社会主义初级阶段基本国情，开启全面建设社会主义现代化国家新征程的必然选择。

乡村文化振兴机制路径初探

在乡村不仅要看得见山、望得见水，还要留得住乡愁。乡村文化振兴是乡村振兴的重要内容。乡村文化振兴是乡村振兴之魂，没有文化振兴也就没有乡村振兴，乡村文化振兴是乡村振兴的有机组成部分，贯穿乡村振兴全过程。通过努力推动乡村文化繁荣兴盛，汇聚起乡村振兴的智慧和力量，为乡村振兴提供精神支柱和文化滋养，为建设美丽中国、共圆复兴梦想提供强大的精神动力。

一、研究现状及意义

对乡村文化振兴研究以党的十九大为分水岭，在此之前的研究有碎片化特征，更多的是基于研究者的学科自觉和学术兴趣，成果较少；此后，相关研究呈现出爆发之势，研究相对集中、比较系统，研究成果丰富。总体而言，其研究主要涉及以下几个方面：

一是乡村文化振兴的路径、机制等理论研究。李明、陈其胜、张军（2019）指出，新时代，我国各地应以维护广大村民的根本利益、促进其共同富裕为出发点和落脚点，因地制宜着力于筑物质文化之基、铸精神文化之魂、强制度文化之根、固行为文化之本，构建"四位一体"的乡村文化振兴路径。沈费伟（2020）认为，现阶段传统乡村文化呈现出日益解体的传统乡村伦理、空洞虚化的乡村文化精神、逐渐消失的乡村文化价值以及流失匮乏的乡村文化资源等衰败迹象，多措并举保护和传承传统乡村优秀文化，才能真正实现乡村文化振兴。陆益龙（2021）基于文化自信指出，需要从乡村社会主体、乡村文化觉醒等着手，再发现、再动员乡村文化资源，科学合理推进乡村旅游服务业及产业融合发展。陈晓霞（2021）认为，当务之急是搞好乡村文化创意设计，加强乡村思想文化建设，实施文明乡村创建，加大乡村文化发展传承，注重新时代乡村文化培育，加快推进乡村文化建设，可保障乡村建设行动的有效实施，全面推进乡村振兴。詹绍文、李恺（2019）、高晓琴（2020）也持类似看法。

二是民族地区乡村文化振兴的案例分析。李玉雄、李静（2019）基于广西壮族自治区河池市宜州区石别镇的田野调查与思考，指出新时代为凝聚乡村文化振兴的精神力量，须强化传统村落的保护与开发、培育乡村的情感共同体、推动乡村文化的创新性发展、健全文化振兴协同共治机制。范波（2020）以贵州为例，提出对民族地区乡村文化的梳理、保护、传承、创新是乡村文化振兴的实施路径。刘洋、肖远平（2016）也以贵州省为例，围绕文化扩散、文化嵌入、文化权力与文化小康四个维度构建乡村文化建设的一致性系统并提出了对策。李玉雄、李静（2021）以清潭街"舞草把龙"为例，指出将具有地域文化特色的非物质文化遗产资源纳入乡村振兴战略，在有效的、动态的互动过程中形成乡村文化品牌，有利于构筑新时代乡风文明的新高度，建设社会主义文明乡村，为乡村振兴战略的有效实施提供精神力量。

三是针对广西乡村文化振兴的相关问题研究。由贺祖斌等著的《广西乡村振兴战略与实践（文化卷）》，通过深入广西八桂大地进行实地调研，获取鲜活丰富的第一手资料，比较全面系统地回答了下列问题：广西乡村文化振兴对广西壮族自治区实现"三大定位"使命有何特殊价值？广西壮族自治区要实现乡村文化振兴，已经具备了什么样的基础？还需要解决哪些实践难题？推进广西乡村文化振兴进而实现广西乡村振兴，路在何方？为广西乡村振兴尤其是乡村文化振兴提供了最紧迫也是最新的理论思考和实践智慧。

目前，学术界相关研究成果比较丰富，对乡村文化振兴达成了诸多共识，并基于理论构建起相应的实现路径和方法，基于案例实践提出了行之有效的对策，但很少有学者做进一步思考：如何从机制上确保文化能够源源不断地为乡村振兴提供动力支持？如果文化的驱动是不可持续的，乡村振兴不仅丧失了"根"和"魂"，也难以挑起全面建设社会主义现代化强国重要战略的重担。因此，问题的关键不在于能不能，而在于能否持续。基于此，如何构建乡村文化振兴的文化可持续驱动机制和路径，以期为广西壮族自治区全面实施乡村振兴战略提供理论和实践参考，这是广西发展亟待考虑的问题。

乡村文化振兴本质上是在激发乡村振兴的内生动力，是乡村振兴战略中的铸魂工程。在全面实施乡村振兴战略过程中，广西壮族自治区如何发挥资源优势，铸好文化之魂，同时确保持续不断地提供文化动力？这是必须面对的现实课题。目前，学术界对文化推动乡村振兴达成了基本共识，但关于如何让文化内核可持续输出乡村振兴所需要的动力的研究还比较薄弱。对上述问题进行系统深入的理论研究和回应，既从全面实施乡村振兴战略语境下深化拓展乡村文化振兴理论研究，也从文化振兴、文化驱动的维度丰富乡村振兴理论研究。

创新乡村文化发展理念，构建民族地区全面实施乡村振兴战略的文化可持续驱动机制，进而为广西壮族自治区全面实施乡村振兴战略提供理论观照和决策参考，为满足民族地区乡村群众的美好生活需要、增强精神动力提供可操作性的智力支持。

二、乡村文化振兴的机制构建

乡村文化振兴研究，一是梳理清楚乡村文化振兴的思想理论基础；二是对乡村文化振兴的现状进行调查及评估；三是分析制约乡村文化振兴的因素；四是基于新发展理念创新乡村文化振兴机制；五是基于新发展理念创新乡村文化振兴路径。其中如何对乡村文化振兴现状进行客观的评估，找到问题所在是本研究的难点，评估是否客观、问题把握是否准确，直接影响后续研究的科学性。坚持新发展理念构建全面实施乡村振兴战略的文化可持续驱动机制是需要突破的重点和难点。

坚持创新、协调、绿色、开放、共享发展理念和系统观念，构建由思想引领、价值引领、精神驱动、载体驱动、资源驱动五方面组成的乡村文化振兴机制。具体包括以下几个方面：

（1）构建思想驱动机制，发挥思想引领作用，走中国特色社会主义乡村振兴道路。坚持党的创新理论武装，特别是推动习近平新时代中国特色社会主义思想在广大乡村做到有效分众传播、入脑入心，确保乡村广大人民群众充分领会其核心要义并做到学而信、学而用、学而行，特别是乡村振兴骨干人员要切实以习近平新时代中国特色社会主义思想引领、驱动乡村振兴行动。

（2）聚力价值驱动机制，培育践行社会主义核心价值观，塑造符合且能引领乡村振兴的价值体系。深入开展培育践行社会主义核心价值观活动，以此促进干部群众提升思想境界，转变思想观念，发现生存价值，追寻生命意义，追求美好生活，使村民、乡镇企业等主体渐趋形成既契合国家主流意识形态又符合本村实际的文化价值生产系统，并自觉在日常生活中运用此种系统阐释生存生活意义和理解周围世界。

（3）涵养精神驱动机制，在满足人民群众精神文化生活需求的基础上增强其精神力量，激发其推动乡村振兴的积极性、主动性和创造性。通过开展乡村精神文明建设活动，将满足人民群众精神文化生活需求和增强其精神力量有机结合，激发其精神创造力、精神凝聚力、精神约束力，提升人民群众支持参与推动全面实施乡村振兴的精神动力。

（4）做强载体驱动机制，发展好乡村文化产业和文化事业，通过双轮驱动最大限度地释放乡村文化生产力。以乡村文化事业和文化产业为基本载体，进一步完善乡村公共文化服务，发掘乡村特色文化资源、发展乡村旅游等文化产业，形成文化事业和文化产业协同推动乡村振兴的合力。

（5）搭建资源驱动机制，开放与创新"双翼"并举。

三、乡村文化振兴的路径设计

在运用新发展理念充实乡村文化内涵的基础上设计了广西乡村文化振兴的五条实践路径：

第一，产业路径，贯彻新发展理念，推动文化可持续驱动农村产业发展。在承载着新发展理念的乡村文化的引领下，以市场为导向创建乡村产业，构建以需求确定生产的乡村产业发展模式，建立可持续的乡村发展产业，推进传统农业产业转型升级，加快新型产业创新，构建起现代农业产业体系、生产体系与经营体系。这一实践路径的最终目标是实现"产业兴旺"。

第二，人才路径，贯彻新发展理念，推动文化可持续驱动乡村人才队伍建设。在承载着新发展理念的乡村文化的引领下，营造好文化氛围，从培育和发掘乡土人才、引导鼓励各方人才参与乡村建设、构建"事农为荣、入乡为耀"的人才评价使用机制和价值认同氛围等方面入手，实现人才振兴。

第三，文化路径，贯彻新发展理念，推动文化可持续驱动乡村文化建设。以新发展理念为指引，在扬弃中继承和发扬传统文化；加强乡村精神文明建设，健全和完善乡村公共文化服务体系；鼓励新时代下的文化创新，支持文艺工作者以农村为创作天地，创作优秀"三农"题材作品，同时鼓励农民成立文化互助小组，培植真正的本土文化和乡土文明。这一实践路径的目的在于实现"乡风文明"。

第四，生态路径，贯彻新发展理念，推动文化可持续驱动生态文明建设。在承载着新发展理念的乡村文化的引领下，树立生态振兴第一思想，建立农民主体、政府组织、社会参与的振兴机制，推动生态景观化、精品化、资源化，创新生态产业与生态产品。这一实践路径旨在实现"生态宜居"目标。

第五，组织路径，贯彻新发展理念，推动文化可持续驱动乡村基层组织建设。在承载着新发展理念的乡村文化的引领下，明确党支部的核心地位，创新党支部的作用；发展多元组织载体，通过产业、活动、产权合作、社区生活组织村民，使组织载体成为教育村民、服务村民、激发乡村活力的重要力量；面向乡村民众需求，创新组织功能，使乡村现代组织成为乡村民众的组织，成为乡村居民生活的靠山。良好的组织保障是治理有效、生活富裕的前提。

以新发展理念构建乡村文化振兴的机制和路径

实施乡村振兴战略，不仅要"塑形"，更要"铸魂"。乡村文化振兴能够为实现乡村振兴提供强大而持续的动力泉源。实现乡村文化振兴，要以新发展理念为指引，多主体、多内容、多途径推进，构建由思想引领、价值引领、精神驱动、载体驱动、资源驱动五个方面组成的乡村文化振兴机制，并在运用新发展理念充实乡村文化内涵的基础上形成乡村文化振兴的产业路径、人才路径、生态路径、文化路径、组织路径。

一、乡村文化振兴是乡村振兴之魂

文化，尤其是乡村本土传承下来的文化，是乡村振兴的灵魂所在。乡村振兴，关键是要提振、激发农民回归、回报乡村的意愿以及勇担当、善作为的内生动力。要通过振兴乡村文化，发挥文化引导村民、凝聚人心、增强信心的作用，激发人们投身乡村振兴事业的积极性，汇聚起建设乡村的智慧和力量。

（一）文化振兴是乡村振兴的"题中应有之义"

《管子·牧民》云："仓廪实而知礼节，衣食足而知荣辱。"人民所向往的美好生活，不仅有"仓廪实、衣食足"的物质生活，还有"知礼节、知荣辱"的精神生活。文化振兴是实现乡村振兴的题中应有之义，振兴乡村需物质和精神生活并重。

"十三五"时期，我国脱贫攻坚战取得全面胜利，乡村振兴所面对的普遍性难题已不再是物质上的绝对贫困，精神贫困问题被提上了重要议事日程，文化在乡村振兴中的作用日渐明显。回顾改革开放以来我国"三农"工作的发展历程，乡村文化在其中发挥的作用大致可分为三个阶段：一是改革开放初期，乡村文化作为舆论手段，主要作用是引导农民参与家庭联产承包责任制改革，以实现粮食增产，解决人们的温饱问题；二是21世纪初期，乡村文化作为支撑乡村经济发展的附属角色，其主要的作用是配合建设乡村经济；三是党的十八大以来，乡村文化逐渐摆脱服务乡村经济发展的附属角色，与产业振兴等具有同等地位[①]。

（二）文化振兴是乡村振兴的"铸魂工程"

乡村振兴，既要塑形也要铸魂。文化就是乡村振兴之魂。人若没有文化，就会缺乏精神

---

① 夏小华，雷志佳.乡村文化振兴：现实困境与实践超越［J］.中州学刊，2021（2）：73-79.

追求，内心空虚。这样的道理同样适用于乡村，乡村若没有文化，也是空虚的，没有文化作支撑的乡村是难以实现可持续发展的。

2013年中央城镇化工作会议提出"要让居民记得住乡愁"。"乡愁"是人们眷恋故土的一种文化情感，彰显了人们对故土尤其是故土文化的认同，是流淌在民族血脉中的情愫。习近平总书记在贵州省指出"要把包括苗绣在内的民族传统文化传承好、发展好"，助力实现乡村振兴[①]。习近平总书记2021年4月在广西壮族自治区考察时强调，要弘扬伟大脱贫攻坚精神，加快推进乡村振兴。脱贫攻坚精神中所蕴含的价值取向、教育意蕴、文化精神等，能够激发乡村居民努力实现自我发展，勇担当、善作为的内生动力。贯彻习近平总书记的重要指示要求，实现乡村振兴，就要延续和发展好乡村文化，尤其是乡村本土文化，重铸乡村灵魂。

（三）文化振兴是乡村振兴的"内驱动力"

匈牙利政治经济学家卡尔·波兰尼（Karl Polanyi）指出："在许多情况下，一个地区的衰退首先是文化现象而非经济现象，其衰退源于文化的解体。"[②]一个没有文化的乡村，是难以真正实现振兴的。即使一些乡村可以暂时在外力的帮助下解决物质上的绝对贫困问题，短时期内它们又可能会因为精神贫困问题重返贫困状态。

当前，农村地区精神贫困问题的突出表现是在城镇化背景下乡村人口流失、文化认同弱化、村落消逝。乡村文化振兴，往往能够唤醒和激发人们内心深处的"乡愁"，从而增强乡村文化自信，唤起人们回归、回报乡村的意愿，激发村民勇担当、善作为的内生动力，吸引人才集聚，进而助力实现乡村全面振兴。

二、以新发展理念构建乡村文化振兴五大机制

实现乡村文化振兴，要以新发展理念为指引，坚持创新、协调、绿色、开放、共享发展理念和系统观念，构建由思想引领、价值引领、精神驱动、载体驱动、资源驱动五个方面组成的乡村文化振兴机制。

（一）构建思想驱动机制：以21世纪马克思主义驱动乡村文化振兴

思想驱动是制度落地见效的有效保障，积极的思想驱动力能推动制度的有效落实和良性循环，反之则会影响整个制度的实施和乡村文化建设的效果。习近平新时代中国特色社会主义思想是21世纪马克思主义创新发展最集中、最丰富的体现，实现乡村振兴，要推动习近

①　刘辉，舒锐.绘就民族和谐新画卷 迈向团结进步美好未来［N］.贵阳日报，2021-09-15（4）.
②　卡尔·波兰尼.大转型：我们时代的政治与经济起源［M］.冯钢，刘阳，译.杭州：浙江人民出版社，2007：134.

平新时代中国特色社会主义思想在广大乡村做到有效分众传播、入脑入心，确保广大村民能充分领会其核心要义并做到学而信、学而用、学而行。

新中国成立以来，我国为推动乡村发展出台了诸多政策，取得了一定成效，但也存在不足。这些政策大致可分为两类：一类是具体针对"三农"某个领域、某个方面出台的专门性政策；另一类是整个政策体系中只有其中一个或者几个方面涉及乡村的涉农性政策①。乡村发展是要实现经济、文化、生态等全面发展，专门性政策虽然针对性强、成效明显，但真正实现乡村振兴，并不是单方面发力就可以做到的。在城镇化背景下，涉农性政策容易出现非农政策比重大、涉农政策比重小的现象，导致乡村建设收效甚微。习近平乡村振兴思想，围绕振兴乡村但不局限于振兴乡村，立足"三农"但宽于"三农"，一定程度上纠正了人们由于"部门化"思维，将乡村振兴理解为仅大力发展乡村，局限于"三农"工作范围的错误认知。习近平乡村振兴思想坚持普遍联系的原理，从全面建成社会主义现代化强国战略高度出发，着眼于"四化"同步、城乡统筹等重大问题，实现整体和局部利益双赢，尽可能全方面地调动各个方面、各个环节的力量，共同振兴乡村。

（二）聚力价值驱动机制：塑造引领乡村文化振兴的价值体系

共享发展体现的是以人民为中心的价值追求。创新、协调、绿色、开放的最终目的都是更好地保证乡村振兴成果人民共享。实现乡村文化振兴，要培育践行社会主义核心价值观，塑造能够引领乡村文化振兴的价值体系。

长期以来，党和国家出台了系列政策推动乡村精神文明建设，为塑造引领乡村文化振兴的价值体系打下了良好的基础，但目前仍面临一些问题：其一，乡村"空心化"。在城镇化背景下，农村居民尤其是农村青壮年源源不断地走出乡村、走进城市，乡土情结弱化，永久性定居乡村的意愿逐渐丧失。作为乡村振兴主体的青壮年大量流失，农田荒废、农宅空置、农村"空心化"现象日益严峻。在缺乏人口保障和村集体保障的情况下，实现乡村文化振兴困难重重。其二，乡土文化认同弱化。乡土文化能增强村民的认同感、归属感，凝聚村民价值认同，规范村民的社会行为。现代化进程加快，既给乡村发展带来了活力和机遇，也使村民在现代文化的冲击下逐渐弱化了对本土文化的认同。如在市场经济下，金钱价值被许多人看作最高价值，"时间就是金钱，效率就是生命"成为典型的口号，血脉亲情在生活的奔波忙碌中逐渐弱化，孝道等传统价值观念日渐淡化。

凝聚价值共识，塑造能够引领乡村振兴的价值体系。一是要夯实乡村的物质基础。"生活决定意识"②，农民只有在富裕起来、解决生存之需时，才会重视价值观问题。二是要巩固

---

① 杨谦，孔维明.习近平乡村振兴战略研究［J］.马克思主义理论学科研究，2018，4（4）：83-95.

② 马克思，恩格斯.马克思恩格斯选集：第1卷［M］.北京：人民出版社，1995：73.

乡村文化基础。要立足乡土文化，深入挖掘家风家训、村规村训等资源，将核心价值观念中晦涩难懂的部分转换为村民所熟悉的语言和观念，使其真正融入乡村生活。三是要增强乡村社会基础。村民能否在实际生活中践行社会主义核心价值观，能否创造一个能体现社会主义核心价值观的生活环境至关重要[①]。乡村要注重完善村民的社会保障机制，在增强村民安全感的基础上，提升公共文化服务水平。四是要汇集凝聚价值共识的主体力量。实现乡村文化振兴，必须突出村民的主体力量，通过社会主义核心价值观的培育，吸引人才集聚。

（三）涵养精神驱动机制：满足并引领人民群众精神需求

绿色发展的本意是尊重事物发展的内在规律，实现可持续发展。振兴乡村文化，就要遵循乡村文化建设和发展的规律，因事而化、因势而新，尊重人民在乡村文化建设过程中的主体地位，构建精神驱动机制，在满足人民精神文化需求的基础上，激发其精神创造力、凝聚力、引领力、约束力，激发其参与乡村文化建设的积极性，提升人民支持、参与、推动全面实施乡村振兴的精神动力。

满足人民文化需求与增强人民精神力量是有机统一的。乡村振兴，文化先行，而增强文化软实力的关键就是要满足并引领人民精神需求，增强人民精神力量。从个体角度来看，文化可满足人的精神需求，构建人的价值观念体系；从群体角度来看，文化可以通过一定的精神现象和价值观念体系使独立的个体联系为一个整体，为实现共同的目标提供智力支持和精神动力；但是乡村"文化软实力"并不是抽象的，而是要具体落实到农民的乡土情怀和理性信念之上。只有当农民的精神文化需求与实现乡村振兴目标相统一时，文化才能转化为振兴乡村的精神力量，才能增强乡村"文化软实力"。不是所有的文化需求都能转化为振兴乡村的精神力量，只有与社会主义核心价值观相一致的精神文化需求，才能形成强大的振兴乡村的精神力量，在满足村民文化需求的同时，要加以区别和引导。

（四）做强载体驱动机制，文化产业和文化事业并驾齐驱

协调发展注重的是发展的平衡性，文化产业和文化事业都是建设乡村文化的载体，只有两个载体共同发挥作用、并驾齐驱，通过双轮驱动最大限度地释放乡村文化生产力，进一步完善乡村公共文化服务，发掘乡村特色文化资源，发展乡村旅游等文化产业，乡村文化建设才能取得好的效果，乡村文化振兴才能加速实现。

虽然文化产业和文化事业的性质、职能、调控方式、资金来源等均有所不同，但二者是相辅相成的，可协同推动乡村文化振兴。一方面，文化产业是乡村文化建设的活力来源。文化产业的长效发展是以文化产品开发为基础的，这是乡村文化建设的经济基础和活力来源。

---

① 袁银传，田亚. 培育和践行社会主义核心价值观的基本路径 [J]. 思想理论教育，2014（10）：10-14.

以广西为例，广西拥有许多独特的文化资源，如壮族的歌、侗族的桥和楼、苗族的特色节日等，将这些具有浓郁广西特色的文化资源转化为更贴近民族、贴近乡土的文化产品，以特色文化产品带动乡村文化产业的发展，进而带动乡村文化建设。另一方面，文化事业为乡村文化建设提供保障。2017年《"十三五"时期文化扶贫工作实施方案》提出，贫困地区要基本建成现代公共文化服务体系，并坚持以人为本的基本原则。由此可见，发展文化事业，满足村民文化需求，是振兴乡村文化的战略要求。

（五）搭建资源驱动机制：开放与创新"双翼"并举

资源驱动不等于资源依赖。文化产业的资源驱动机制，是以文化资源为导向，挖掘文化资源潜力，开发特色文化资源，提升文化产品的附加值，而不是走依赖资源的粗放式发展的老路[①]。在资源驱动机制下，将文化资源转化为演出、影视、旅游、手工艺品等文化产业，是实现乡村文化振兴的重要途径。

开放与创新"双翼"并举，引进、整合、创新利用文化资源，驱动文化产业的发展。以开放、创新的理念指导乡村文化建设，目的是打破广大乡村尤其是偏远山村封闭的状态，将人才、技术等资源带到乡村，增强乡村文化发展活力。根据我国传统武术和名著《花木兰》创作的美国影片《功夫熊猫》《木兰》席卷全球，为美国影视业赚取了丰厚的收益。美国成功将我国传统文化资源转化为其自身文化产业的例子说明：文化资源是非独占性的，引进、整合、创新利用各国优秀文化资源，对推动我国文化产业发展是必要且重要的。这个道理在乡村同样适用。我国许多乡村虽然有着丰富、独特的文化资源，但乡村文化资源多并不意味着乡村文化产业强。提高乡村的开放水平，一方面，可以利用别国、别省、别村的文化、技术、人才等资源驱动本村文化产业发展；另一方面，可以推动乡村文化走出去，提升乡村文化产业的影响力和竞争力。

乡村落后，表面看是因为缺乏人才、技术、资金，更深层的原因是乡村缺乏资源驱动机制，即把原有的资源、引进的资源搞活的机制。因此，对于已不适应当下发展需要的乡村制度，要敢于改革、敢于创新、敢于调整，探索能够满足乡村文化振兴发展需要的新乡村制度。

三、用新发展理念构建乡村文化振兴的五大路径

乡村"五大振兴"相互联系、相互作用、相互促进，是一个有机整体。在新发展理念

---

① 郭新茹，顾江.基于价值链视角的文化产业赢利模式探析［J］.现代经济探讨，2009（10）：38-42.

下，实现乡村文化振兴需要多维度创新，即振兴乡村文化需要多主体、多内容、多途径推进。广西在运用新发展理念充实乡村文化内涵的基础上形成了乡村文化振兴的五条实践路径。

（一）产业路径：贯彻新发展理念，推动文化可持续驱动农村产业发展

经济基础决定上层建筑，乡村文化振兴离不开乡村经济的发展。彼得·圣吉（Peter M. Senge）强调"创造性思维根源于知识及知识的灵活运用和潜能及智能的开发"[①]。可见，文化对推动产业持续性发展至关重要。因此，要依托乡村文化，将文化资源转化为农村经济产业发展的优势，进而助推振兴乡村文化。

在承载新发展理念的乡村文化的引领下持续驱动农村产业发展，一方面，要创建以市场为导向的农村产业，在立足长远的同时兼顾当下，建立可持续发展的农村产业。驱动农村产业发展，首先要面对的就是产业选择、产业经营者的选择，以及制定产业政策的问题。在选择过程中，各乡村必须坚持差异化原则，根据当地市场需求和自身的要素禀赋进行个性化方案的制定。同时，依据市场导向制定产业政策，传统的减租、减税、补贴等措施已不足以招商引资，优化营商环境才是最重要的。只有市场前景广阔、可持续深耕的产业，才是投资者渴望长期投资的产业。另一方面，推进传统农业产业转型升级，加快新型产业不断创新。在农村产业转型升级的过程中，要注重做好统筹规划，调动发挥多方面参与推动农村产业转型升级的积极性，以科技创新助力突破重大技术，率先打造具有先导性的支柱性产业。科技创新能为农村产业升级、新型产业发展提供优质要素供给，扩大消费者需求、延长产业链，创新文化是科技创新的重要元素。

（二）人才路径：贯彻新发展理念，推动文化可持续驱动乡村人才队伍建设

实现乡村文化振兴，人才是核心要素。由于乡村产业效益偏低、环境相对落后，在传统"进城"思想观念的影响下，乡村人才引不进、留不住、用不好等现象普遍存在，人才数量不够、结构不优、素质偏低等问题阻碍了乡村文化振兴的进程。

在承载着新发展理念的乡村文化的引领下持续驱动乡村人才队伍建设。首先，培育和发掘本土人才。本土人才是实现乡村文化振兴的中坚力量，相较于外来人才，他们更熟悉本土环境，且会对家乡的发展更有热情和期待。不仅要加大培训力度，提高培训质量，而且要挖掘非遗传承人、乡村工匠等农村原有的各类人才。其次，引进外来人才。本土人才固然是文化振兴中的主力军，但队伍的多样性、层次性仍需外来人才的补充，坚持用当适任、适时、尽才。乡村要多措并举开发人力资源，创新人才的留用机制，如引进技术人才到乡村挂职兼

---

① 彼得·圣吉.第五项修炼：学习型组织的艺术与实践［M］.张成林，译.北京：中信出版集团，2009：157-160.

职，对于外来人才，要保障其家属就业、子女入学，同时探索宅基地转让等制度，让外来人才在本地安家不受限制。最后，营造"事农为荣、入乡为耀"的价值认同氛围。对于愿意投身乡村振兴的人才，不仅要在体制机制上有所倾斜，而且要引导他们为自己的事业感到自豪和荣耀。只有农村成为人们向往的居所，为农服务成为人们自豪的职业，才会有更多的人才愿意留在乡村，乡村人才队伍才能持续高质量发展。

（三）文化路径：贯彻新发展理念，推动文化可持续驱动乡村文化建设

在工业化、城镇化趋势下，乡村人口流动性加强，乡土社会的地缘性、血缘性弱化，乡村文化被逐渐边缘化，乡村文化振兴主体缺失，且当前部分人没有形成对乡村文化振兴的正确认识，出现了两种对乡村文化建设的错误认知：一是盲目鼓吹传统乡村文化，认为传统的都是好的，都要加以保留和发展；二是盲目批判传统乡村文化，将其看作封建的、落后的文化，阻碍了乡村文化建设的进程。乡村文化建设所面临的各种问题亟待解决。

以新发展理念为指引，推动文化可持续驱动乡村文化建设。首先，要形成对乡村传统文化的正确认知，在扬弃态度下予以继承和弘扬。我们必须承认传统乡村文化衰落有它必然性的一面，但也要看到传统乡村文化被全盘否定后社会秩序混乱带来的弊端。因此，要以社会主义先进文化为引领，加大社会公德教育力度，摒弃传统乡村文化中愚昧落后的部分，在保护乡村优秀传统文化的基础上开展"乡风文明"建设。其次，要健全和完善乡村公共文化服务体系。以解决当前乡村公共文化服务中存在的供需不匹配、重建设轻培育、重投入轻管理等问题为抓手，增强服务的针对性、有效性和可持续性[1]。最后，要致力培育优良家风，营造向好向善的乡村社会氛围。培育优良家风，就要系统开展评家风、亮家风、传家风的一系列活动，让乡村居民潜移默化地接受启发和教育。这一实践路径的目的在于实现"乡风文明"。

（四）生态路径：贯彻新发展理念，推动文化可持续驱动生态文明建设

农耕文化是中国传统文化的"根"与"魂"，包含着丰富的绿色生态意识[2]。现代农业技术的推广，使传统农耕技术、农耕文化在乡村逐渐消失，一方面它提高了农业的效益，另一方面无人机洒农药、智能温室养殖等现代农业技术也加大了能源的损耗，污染了乡村环境。建设生态文明，打造生态宜居乡村任务的提出，为农耕文化的复兴带来新的机遇。

在承载着新发展理念的乡村文化的引领下持续驱动生态文明建设。首先，要弘扬生态文化，树立生态振兴第一的思想。要改生态，先改心态，只有认识到生态振兴的重要性和紧迫性，人们才会采取实际行动去真正改善乡村生态。一是要注重生态文化事业建设。与生态文化产业不同，生态文化事业不以盈利为目的，注重保障人们的生态文化权利，要完善与生态

---

① 范建华，秦会朵. 关于乡村文化振兴的若干思考［J］. 思想战线，2019，45（4）：86-96.
② 程明，吴波，陈国庆. 新时代农耕文化与绿色经济协同发展研究［J］. 农业经济，2021（9）：47-48.

文化事业相关的政策，提高人们的认识程度，加大资源投入。二是要开展生态保护知识、生态法律法规知识的宣讲活动，提高人们的生态法治意识以及建设生态文明的能力。其次，重视生态科研。一是与科研院所、高校合作，研发适合本村具体情况的实用生态技术。二是重视培育、引进生态人才，实现人才、技术双丰收。最后，打造生态建设制度保障。在健全乡村生态建设正式制度的基础上，将村规民约等非正式制度以明文形式呈现出来，鼓励村民在乡村建设中以公共利益为先。

（五）组织路径：贯彻新发展理念，推动文化可持续驱动乡村基层组织建设

人是乡村文化振兴的主体，而不是乡村建设的看客和观众，乡村基层组织可以起到网罗和聚集人才的作用。从这个角度讲，驱动乡村基层组织建设，是推动乡村文化发展的重要抓手和载体。

在承载着新发展理念的乡村文化的引领下持续驱动乡村基层组织建设。首先，要明确乡村基层党组织的核心地位，加强基层党组织建设，创新其作用。一是乡村党员干部要转变自身观念，加强学习新工作方式的意识，由简单直接的工作方法转变为因势利导的工作方法，同时，创新党员的培养模式，将村民的投票权纳入党员、党员干部人选的确定因素中，促进党员干部队伍年龄结构合理化。二是完善村级事务的信息公开制度，建立多层次的监督体系，在保障村民对村务知情权的同时，对党员干部不依照制度、程序办事的行为形成约束。其次，要搭建多元组织载体。在"共享"乡村文化的指引下，增强乡村自治功能，搭建乡村多元共治的治理模式，并出台规范各组织的规章条例，建立好各组织间的协商机制，避免陷入无序的困境。最后，聚焦村民需求，创新乡村基层组织功能，不断提高村民的满意度，做到既可以网罗人才又可以留住人才。

乡村人才振兴校地合作研究报告
——基于 G 大学和 LZ 市城中区的考察

思想政治工作是围绕着人展开的，如何培养人既是高校关心的问题，也是乡村振兴过程中地方政府必须解决的难题。乡村振兴首先要人才振兴，人才如何培养？中共中央、国务院印发的《乡村振兴战略规划（2018—2022年）》明确提出了要"建立城乡、区域、校地之间人才培养合作与交流机制"。地方政府和驻地高校如何依循"深度融合、优势互补、务实高效、合作共赢"的原则，探索和推进乡村人才振兴的校地合作模式？这是地方政府和驻地高校共同关注的焦点和需要突破的难点。广西科技大学（以下简称G大学）和柳州（以下简称LZ）市城中区人民政府乡村人才振兴校地合作探索正是在上述背景下进行的。综合考察二者2020—2021年的探索，对乡村人才振兴校地合作做法、经验等进行概括总结以供参考，非常必要且意义重大。

一、乡村人才振兴校地合作模式文献研究综述

乡村人才振兴校地合作模式是党的十八大之后提出来的一种乡村人才协同培养模式，尽管目前实践领域已经有很多尝试，但学术界的研究尚处于起步阶段，概览国内外研究文献，与乡村人才振兴校地合作相关研究主要集中在以下三个方面：

第一，乡村振兴人才培养的校地合作策略研究。陆剑运用微分对策理论建立起了地方政府与高校人才培养的博弈模型，通过Hamilton-Jacobi-Bellman方程求解，他认为乡村振兴人才的培养仅仅单方面依托政府或者依托驻地高校都没办法实现利益最大化，只有通过校地合作才能成本最低，收益最高。[①]

第二，乡村振兴背景下校地农业科技人才共享策略研究。有学者指出农村面临着农业科技人才数量匮乏，人才引不进、留不住，劳动力素质偏低等问题。校地人才共享是解决这些问题的创新举措和可行路径，但在实际情况中却出现了校地合作不紧密、合作不可持续等诸多问题。因此，设计合理的合作契约，对推动校地人才共享进程，提高校地合作紧密度有重要的理论价值和现实意义。[②]

---

① 陆剑.乡村振兴人才培养的校地合作策略研究［J］.中国集体经济，2020（29）：14-17.
② 陆剑.乡村振兴背景下校地农业科技人才共享策略研究［D］.镇江：江苏大学，2020.

第三，乡村人才振兴案例研究。各地在实践中总结出了很多经典案例，例如，2021年9月18日在中共中央党校（国家行政学院）召开的"2021中国乡村振兴人才论坛"公布了36个"中国乡村人才振兴优秀案例"，其中LZ市融水苗族自治县三百尧告苗寨的乡村文化振兴"尧告模式"成功入围。

综上所述，学术界、实践领域的已有研究为我们提供了基础，但也存在着显而易见的不足，需要进一步完善。第一，乡村人才振兴校地合作模式目前缺乏深层次、体系化的理论探讨；第二，对乡村人才振兴校地合作模式的实践经验缺乏总结；第三，乡村人才振兴校地合作模式缺乏经典案例。我们认为对LZ市城中区和G大学在乡村人才振兴校地合作模式方面的探索进行研究不仅具有理论意义，可以弥补现有理论研究的不足，而且具有实践意义，LZ市城中区和G大学乡村人才振兴校地合作模式可以作为一个乡村振兴的实践案例，为其他地区提供参考。

二、探索乡村人才振兴校地合作模式不仅可行而且必要

通常模式也是一个系统，乡村人才振兴校地合作模式是对乡村人才振兴校地合作的目标理念、平台、载体、措施等进行体系化总结，形成的一个整体。乡村人才振兴校地合作模式不仅有利于发挥校地各自优势，而且可以实现校地共赢。

LZ市城中区和G大学长期合作，打下了坚实的合作基础，积累了丰富的合作经验，在大力实施全面乡村振兴战略的时代境遇中，二者携手探索乡村人才振兴校地合作模式具有可行性。

第一，G大学为LZ市城中区全面实施乡村振兴提供了支持和保障。G大学就坐落在LZ市城中区，天然的地缘优势决定了G大学培养的各方面人才可以直接就近为LZ市城中区乡村振兴提供服务；G大学所拥有的技术、平台以及师资力量可以为LZ市城中区政府推进和实施新型职业农民培育计划、农业科研杰出人才计划、杰出青年农业科学家项目、乡土人才培育计划、乡村财会管理"双基"提升计划、高校毕业生"三支一扶"计划、高校毕业生基层成长计划等提供支持。

第二，LZ市城中区全面实施乡村振兴为G大学发展提供了平台和机遇。一是LZ市城中区实施了新型职业农民培育政策，为校地合作模式建设提供了政策支持。该政策的推行旨在通过课堂授课、田间实践、参观学习等方式开展新型职业农民培养。在G大学马克思主义学院、经济与管理学院等相关学院及其教师指导下，针对当地农民在生产、经营中遇到的问题和困难，因地制宜设置了包括农家乐、民宿经营管理、服务礼仪、农业创业风险规避、特色蔬菜水果栽培及销售、农特产品电商创业自媒体品牌营销等方面的课程。通过校内专家"进

田野"，开展有针对性的培训，有效带动了村民就地就业，就近发展。二是LZ市城中区按照上级要求加快信息进村入户，拓宽农产品网络销售，这为校地合作模式提供了机会和平台。自2020年以来，LZ市城中区完成了6个行政村益农信息社站点建设以及各村信息员培训工作，与国家农业综合信息服务平台进行数据对接，建立促进农产品上行销售机制，实现与"互联网＋"农产品出村进城工程的对接，拓宽了LZ市城中区农产品网络销售渠道，提高了益农信息社自我发展和持续运营能力。在LZ市城中区党建服务引领、城乡建设提质升级、城市精细化管理、农旅融合创新发展、生态环境持续改善、大中小教育联动等方面也有广阔的合作空间，为校地合作模式提供了机会和平台。

在已有合作的基础上，G大学和LZ市城中区携手探索乡村人才振兴校地合作模式既是G大学作为地方高校发展的需要，也是LZ市城中区政府实现善治的诉求，探索意义重大。

第一，校地合作不仅有利于增强高校的核心竞争力、促进地方经济发展，而且赋予了实现人才振兴新的内涵。不管是全面整合资源，进一步扩大和深化合作，还是取长补短增强各自核心竞争力，校地合作都是地方政府实现善治、驻地高校实现高质量发展的理性选择。基于校地合作，高校可以利用自身人才、学科等优势，紧扣国计民生问题，急党和国家之所急，对标地方发展需求，与地方政府部门合作攻关，解决人民群众关切的问题，实现校地双赢并形成良性循环和累积效应。地方政府可以充分发挥自身优势，将地方治理中存在的问题反馈给驻地高校，并组织力量进行常态化研究，以寻求可操作性智力支持。也可以借助高校智力优势，根据需要选拔人员到驻地高校深造，更新观念，开阔眼界，提高相关能力和素养。

第二，校地合作是乡村振兴助推产业转型升级的需要，高校联合地方政府实施问题攻关成为人才振兴的新支撑。在全方面深层次联动、常态化合作和资源分享对换的基础上，高校可以通过高新科技转化、人力资源质量提高等途径助推乡村产业创新升级，不仅为乡村产业发展提供了人力智力保障，而且促使乡村借助产业发展聚集更多人才；地方政府则结合自身实际，列出问题清单，积极联系合作高校，整合人才，主动开展问题攻关，通过产学研合作，为高校专家提供用武之地，也为进一步培养乡村振兴人才提供支持。

第三，校地合作是地方政府引才借智、服务乡村振兴发展的需要，是人才振兴的新高地。积极推进校地合作，引进高级人才，不仅能满足乡村振兴发展需要，而且可以为城乡统筹发展注入新鲜血液。

三、G大学和LZ市城中区乡村人才振兴校地合作做法及经验

经过近几年不断摸索和完善，LZ市城中区和G大学逐步形成了乡村人才振兴校地合作

模式。

（一）G大学和LZ市城中区乡村人才振兴校地合作做法

以"吸引人才、培养人才、用好人才"为出发点和落脚点，全面盘点、统筹G大学和LZ市城中区乡村人才振兴资源，以"十大育人工程"为基础，加强组织领导，提供条件保障，构建"党建引领、地校互融、项目驱动、平台共建"的乡村人才振兴支撑体系，到2025年实现乡村人才满足实施乡村振兴战略需要这一目标。

1.一个理念：吸引人才、培养人才、用好人才

以习近平新时代中国特色社会主义思想为指导，坚持和加强党对乡村人才工作的全面领导，坚持农业农村优先发展，坚持把乡村人力资本开发放在首要位置，大力培养本土人才，引导城市人才下乡，推动专业人才服务乡村，吸引各类人才在乡村振兴中建功立业，健全乡村人才工作体制机制，强化人才振兴保障措施，培养造就一支懂农业、爱农村、爱农民的"三农"工作队伍，为全面推进乡村振兴、加快农业农村现代化提供有力人才支撑。

2.四大支撑：党建引领、地校互融、项目驱动、平台共建

（1）党建引领。在G大学党委、LZ市城中区党委的领导下，主要依托G大学马克思主义学院，以"乡村振兴既要塑形也要铸魂"为目标，2020—2021年对辖区所有的农村干部、党员、入党发展对象进行全口径培训，通过分类精准培训提高政治站位、增强政治理论素养，充分发挥基层党组织的战斗堡垒作用和党员的先锋模范带头作用。

（2）地校互融。LZ市城中区和G大学在充分梳理彼此"供给"和"需求"的基础上，围绕着乡村人才振兴，进行深度合作，在合作中相互融合，最终形成互利共赢的良性发展格局。

（3）项目驱动。LZ市城中区和G大学针对乡村人才振兴存在的短板，以问题为导向，以项目为载体，通过项目形式攻坚克难，解决乡村人才振兴的难点、堵点和痛点。

（4）平台共建。目前LZ市城中区和G大学平台建设已经取得了明显成效，初步形成了"两个基地、一个智库、四个中心"的基本格局。LZ市城中区和G大学在环江村设立乡村振兴研究中心实践基地和LZ市城中区党员教育实训基地（2020年启动），同时聘任9位G大学马克思主义学院讲师团教授、8位LZ市党建名师和6位LZ市城中区"乡贤"为基地教员。整合和改造理论教学场地、党员教育现场教学点、产业发展现场教学点、基层治理现场教学点，采用"集中培训与实地观摩相结合、请进来与走出去相结合、专业教育与党性教育相结合"等方式，打造一个以党史教育、红色传承教育、乡村人才培训、乡村风貌改造、乡村产业发展、乡村基层治理为教学培训和科学研究内容的综合性研训基地。

基地紧紧围绕"一库四中心"（乡村振兴战略智库、党员教育实践中心、职业农民培训中心、治理人才培养中心、乡贤能人集散中心）的定位，紧扣"吸引人才、培养人才、用好人才"三个环节，重点在党员思想教育、致富带富技能、乡村治理能力三个方面下功夫，不断加强产业人才队伍建设，进一步做大"乡土人才"基数，为乡村振兴提供坚实的人才支撑。

3.十大措施（工程）：党建引领铸魂、地校供需对接、人才分类摸底、课程量身定制、能力精准提高、项目常规驱动、平台共建共享、人才规划到村、培训服务到人、案例总结提炼

（1）党建引领铸魂。以基地为立足点打造"党建引擎"，真正把党的政治优势、组织优势转化为助推乡村振兴的资源优势和攻坚优势。注重乡村振兴人才培养，吸引人才回流，鼓励大学生、民营企业家等回村创业，发展种植业、养殖业和乡村旅游，积极合作举办乡村医生中医药适宜技术、高素质农民培训、乡村旅游骨干培训等各类培训班，打造一支会管理、懂技术、善经营的高素质乡村人才队伍，真正为乡村振兴注入"源头活水"，让各类人才在农村广阔天地大施所能、大展才华、大显身手。

（2）地校供需对接。LZ市城中区和G大学围绕着供需清单进行对接，形成日常对接机制，常态化开展对话交流。

（3）人才分类摸底。G大学马克思主义学院专家团队，对LZ市城中区所辖村人才情况进行全面深入调查，撰写调查研究报告，在指出、分析每一个村、每一类人才存在的问题的同时，提出解决对策。

（4）课程量身定制。G大学对LZ市城中区所辖村的各类型人才提供有针对性的培训和指导，为其量身定制培训课程。

（5）能力精准提高。按照国际或国内各类人才能力标准，制订符合实际的可操作性能力提高计划，并认真组织实施。

（6）项目常规驱动。围绕着乡村人才振兴，以"问题决定项目，项目驱动合作"的形式开展实际工作，项目与彼此问题及供给需求直接挂钩。

（7）平台共建共享。G大学与LZ市城中区共同搭建合作平台，通过平台充分发挥培养乡村振兴人才的育人合力。第一，G大学发挥多学科综合与交叉优势，为LZ市城中区提供高质量、高层次决策咨询服务平台。以参与制定发展规划、承担重大课题研究、参与决策咨询等为主要方式，以承接横向委托协作课题为区域服务纽带，为LZ市城中区政府部门和企事业单位制定宏观战略、解决重点难点问题提供思想和理论支持。在此基础上，进一步建立新的研究合作平台。第二，G大学以项目研究和成果转移为抓手，搭建开放性、创新型服务平台。G大学以科研项目为切入点，集中优质资源，加强科技合作，积极引导教师与LZ市城中区政府、企事业单位开展科研项目合作、技术难题攻关、共建产学研联合体等。第三，共同创建创新创业教育和社会实践平台。

（8）人才规划到村。在全面深入调研和精准把脉的基础上，依托G大学专家团队为每一个村制订2022—2025年人才振兴实施计划。

（9）培训服务到人。经过1~2年的时间，借助G大学的师资力量，让LZ市城中区每一类人才都得到有针对性的指导和培训。

（10）案例总结提炼。在现有实践经验基础上认真总结提炼LZ市城中区乡村人才振兴案例，尤其是LZ市城中区乡村人才振兴校地合作模式，作为工作案例参与国家层面的评选。

（二）G大学和LZ市城中区乡村人才振兴校地合作基本经验

创新建立校地合作评价体系、引进高校资源直抵农村，可有效提高乡村人才振兴校地合作效益，这也是近几年G大学和LZ市城中区乡村人才振兴校地合作模式总结出的基本经验。

1.建立校地合作评价体系

评价作为一种沟通、反馈手段，旨在提高后续合作质量，实现良性循环和可持续发展。G大学和LZ市城中区乡村人才振兴校地合作的实践探索证明，双方要想保持高质量常态化合作，就要建立起校地合作评价体系，进行常态化自检反思和持续改进。G大学和LZ市城中区乡村人才振兴校地合作评价体系主要包括以下评价内容：第一，合作中高校对自身发展的评价；第二，合作中高校对服务对象的评价；第三，合作中地方政府及相关部门对高校的评价；第四，合作中地方政府及相关部门对自身的评价；第五，各方对合作本身的期望和评价。建立评价体系的目的就是及时反馈合作中存在的不足和问题，以便第一时间调整并确立新的问题解决措施或者方案。对于乡村人才而言，更需要借助评价，建立起高效及时的信息反馈和措施整改机制。

2.引进高校资源直抵农村

一方面，把学校学院资源（主要包括智力、人力等资源）用好用活，创造条件和环境吸引广大高校毕业生投身于乡村大舞台。发挥大学生在推动创新创业项目、现代决策管理等方面的优势。另一方面，借科技沃土，夯实产业发展根基。在乡村振兴过程中有意识聚焦和关注高校科技智力成果和人才人力资源，充分利用高校科技创新助力转型发展。此外，地方政府拿出最大的诚意想方设法积极引入"懂农业、知农村、爱农民"的"三农"科教人才活水，浇灌传统产业洼地。驻地高校则及时跟进地方治理需求，选送思想品德高、业务能力强、工作态度好的中青年干部，积极参与到乡村振兴事业中。双方制定政策或建立制度，对于长期投身于乡村振兴事业的广大教职员工，给予政策倾斜和制度支持。

另外，主动对接做好乡村人才培训辅导工作也是实现乡村人才振兴的重要途径。近年来，LZ市城中区依托G大学乡村振兴研究中心实践基地暨城中区党员教育实训基地，积极举办乡村医生中医药适宜技术培训班、高素质农民培训班、乡村旅游骨干培训班等各类培训23场，培训600余人。2021年村（社区）"两委"换届以来，LZ市城中区利用乡村振兴研究中心实训基地，借助G大学马克思主义学院专业学科优势组织了5期新一届村（社区）"两委"干部任职培训，全部采取脱产培训和个人自学相结合的方式进行，新一届村（社区）"两委"班子成员339人（村"两委"班子52人、社区"两委"班子287人）和村（居）务监督委员会成员114人（村务监督委员会成员18人、居务监督委员会成员96人）共计453人参加培训。此外，充分发挥服务功能，对自治区2021年抓党建促基层治理培训示范班两期近200名村党组织书记、村委会主任进行业务培训，对LZ市乡镇（街道）党（工）委书记培训班100多人及其他各类培训考察团进行培训，取得了受训对象及主管部门的肯定和认可。

四、G 大学和 LZ 市城中区乡村人才振兴校地合作完善对策

（一）探索中存在的问题

G大学和LZ市城中区乡村人才振兴校地合作模式雏形已具，前期探索也取得了一些成绩，但探索中的问题也不容回避。

1. 运行机制不够完善

第一，党建引领机制需要进一步加强。基层党组织对乡村振兴战略具备重要推动力，但实际存在以下问题：基层党组织解读政策、认知形势还不够深入；调动广大村民参与乡村振兴有效性欠缺；个别乡村存在形不成核心、聚不成合力的情况；在基层实践中，一些村对主导产业的定位不明确、产业结构不清晰，特色资源挖掘不够深；基层组织的"党建引领"找不到或者找不准基层党建与各村中心工作的切入点和着力点，在具体实施过程中缺乏深度有效融合；对于党建怎么引领乡村振兴理解不够深刻到位；等等。这些问题是接下来需要补齐的短板。

第二，配套激励措施欠缺。主要体现在三个方面：一是人才引进制度不健全。从LZ市城中区调研情况看，86%的人员愿意在农村发展，但因为缺乏相关返乡创业政策的支持而不得不继续留在城市工作。二是发展平台还不健全。尽管目前LZ市城中区政府已出台了一系列政策，为乡土人才打造平台，创造发展机会，但乡村还是存在发展机会相对较少、持续发展空间不足等问题，导致引进来的部分人才"留不住"，愿意回村发展的本土大学生比例不足40%。三是乡土人才的培养机制不够完善。目前，政府各业务部门每年都会组织各类培训，但培训形式和内容相对单一，未成体系，针对性也不强，难以适应乡村振兴的现实需要。例如，调研数据显示，有90%的调研对象想学习乡村基层治理和经营管理方面的知识理

论与技能，有60%的调研对象想学习直播带货，而且这几类人也是目前大部分农村紧缺人才，但各部门的培训里面没有相应的安排或安排极少，未能满足要求。另外，农村基层党组织在培养和发展新党员时一直强调要注重知识化和年轻化，但由于村民外出务工的经济收益更高（通常是土地收益的2倍以上），所以年轻的村民和文化素质高的村民大多愿意前往城市打工或生活，极少愿意留在农村。

2. 本土人才基数不足

从调研对象看，乡土人才基数不足，不能满足乡村振兴需要。根据调研统计，目前LZ市城中区6个村，乡土人才总数为157人，最多的村有42人，最少的村有13人。根据实际需求测算目前LZ市城中区需要乡土人才约250人，因此供不应求，乡土人才远远不能满足各村振兴发展的需要。从调研情况看，各村最为紧缺的是乡村治理和经营管理两类人才。

部分乡土人才无用武之地。由于历史问题，LZ市城中区只有极少数村民有房产证，大部分村民因没有房产证而无法办理营业执照，导致部分乡贤和本土企业家想回村里投资开发农庄和民宿的计划搁置。部分村由于整村改造土地被征收，以前的种植养殖能手现在没有土地种植养殖。

农村公共管理人才滞后于农村发展。农村公共管理人才资源严重不足，无法满足农村现代化建设发展需求。农村公共管理人才的引进也比较困难，一方面，农村薪资待遇相对较低，难以吸引人才；另一方面，公共管理人员成长机会欠缺。

（二）建议措施与对策

1. 加强党建引领

为加快开启全面建设中国特色社会主义现代化新型国家的历史征程，乡村必须提高党建工作的领导力和凝聚力，坚持加强党对乡村振兴事业的领导。具体措施如下：

第一，坚持示范引领带动，为乡村振兴添动力。不管地方政府还是驻地高校都需要提高政治站位，坚决维护党中央的权威，把乡村振兴工作中的各项方针政策跟群众讲清、讲透，使乡村基层党支部和全体党员对乡村经济振兴过程中的发展产生促进作用。要对党建工作进行创新，让先锋示范更有力。进一步引导完善自治、法治及德治相结合的乡村治理体系。

第二，坚持以制度建设为抓手，增强乡村振兴支撑力。把党的基本要求始终贯穿落实到乡村振兴各方面，加强各部门之间的沟通合作，提高乡村振兴政策研制、供给水平，并结合实际，不断探索创新，加强制度建设、落实能力。充分用好基层党组织"三会一课"制度，加强党员的精细化管理，加强乡村振兴的支撑力。

第三，坚持农民主体地位，发挥农民主体作用。在党建工作开展中，要注重对人才工作的把控，通过实习村干部或村务助理员等方式来进一步吸引优秀的涉农人才，特别是既懂农业又懂技术的人才。

2.强化校地共建

第一，进一步创新人才培养的模式，提高人才培养质量。培养乡村振兴所需要的各类人才是高校义不容辞的责任，作为人才培养的主阵地，高校肩负着区域社会经济发展人力资源储备重任。聚焦人才培养，如何立德树人，提高人才培养质量，这是每一所高校都要考虑的问题。地方高校理当提高政治站位，紧密结合地方经济社会发展的人才需求，创新人才培养模式，培养"下得去、留得住、干得好"的涉农人才，为乡村振兴提供强有力的支撑。

第二，加强科技创新引领，促进成果转化推广。乡村振兴尤其是产业振兴为地方高校科技创新与成果转化带来了机遇与挑战。地方高校需要立足实际，对标乡村振兴战略要求，聚焦农业、农村、农民的"急难愁盼"问题，发挥自身科研、技术、人才等优势，与地方政府深度合作，进一步理顺"政—产—学—研—用"一体化长效合作机制，通过校地多领域合作，借助技术转让、产品研发、服务优化等方式，盘活高校人力智力资源，助力乡村振兴。

第三，发挥高校智库潜能，当好辅助决策助手。高校应进一步加强和地方政府的沟通，充分立足国家发展战略，积极参与地方乡村振兴发展规划及政策法规制定、重大理论实践问题研究等工作，结合地方发展重点课题，实行校地联合研究、成果共享，尤其是对前瞻性、针对性、储备性政策的研究。

3.对标先进案例

走出去，向浙江、湖南等区外做得好的先进案例学习，查摆自己的差距，寻找问题存在的原因，并积极寻求解决对策；引进来，聘请专家学者为LZ市城中区乡村人才振兴把脉问诊，对症施治，期望经过2~3年的努力，G大学和LZ市城中区乡村人才振兴校地合作模式也能成为区内先进全国有名的优秀案例。

G大学和LZ市城中区在乡村振兴校地合作已经形成了基本的框架和雏形，做了很多有益的探索，结合调研情况我们尝试着提炼概括出乡村人才振兴校地合作模式，既是对如何培养人的回应，也是对地方高校服务乡村人才振兴的实践总结。作为一种总结概括性看法仅供参考，不当之处敬请专家指正！

第四部分

老龄社会观察

广西老年友好型社区建设现状调查

第七次全国人口普查显示，我国65岁及以上人口有1.91亿人，占比为13.50%，距离深度老龄化（14%）的指标仅一步之遥。人口老龄化是我国面临的重大挑战，建设老年友好型社区是我国在"十四五"期间积极应对人口老龄化的重要举措。2020年12月，国家卫健委、老龄办指出到2025年，要在全国建成5000个示范性城乡老年友好型社区，到2035年年底，全国城乡社区要普遍达标。

我们从党的十九届五中全会提出的"实施积极应对人口老龄化国家战略"出发，以"十四五"提出的老年友好型社区建设为切入点，选取了老年人口基数较大、未富先老特征突出的广西为例，运用问卷调查、文献研究、实地调查等方法对所抽样的62个城镇社区展开调研。

一、导论

（一）研究背景

对老年友好型社区的建设现状展开调查，了解其创建现状，既是我国"十四五"期间应对人口老龄化之使然，也是执行国家政策之必然。

党的十九届五中全会提出"实施积极应对人口老龄化国家战略"，这是党和国家的重大战略部署。第七次全国人口普查显示，我国60岁及以上人口有2.64亿人，是世界上唯一一个老年人口超过2亿人的国家，老龄化率为18.70%，其中65岁及以上人口有1.91亿人，占比为13.50%，距离深度老龄化（14%）的指标仅一步之遥。"十四五"期间，预计老年人口将突破3亿人，占到总人口的20%左右。①因此，人口老龄化是我国当前和未来一段时期面临的重大挑战。建设老年友好型社区是贯彻落实党中央、国务院关于实施积极应对人口老龄化国家战略的重要举措。2020年12月，国家卫健委、老龄办发布的《关于开展示范性全国老年友好型社区创建工作的通知》提出了城乡老年友好型社区建设的时间安排和试行标准，为老年友好型社区建设提供了基本遵循。

广西自1996年就已经进入了老龄化社会，是全国最早进入老龄化社会的省区之一（也

---

① 李纪恒.实施积极应对人口老龄化国家战略［N］.光明日报，2020-12-17（6）.

是五个自治区中第一个进入的），老年人口基数大，增长速度快。① 广西第七次全国人口普查显示，广西60岁及以上人口为836.38万人，占总人口的16.69%，其中65岁及以上人口为611.41万人，占比为12.20%，是全国16个65岁及以上人口超过500万人的省份之一。与2010年广西第六次全国人口普查相比，分别增加了3.58%和2.96%。广西是在经济不发达、养老政策体系不完善的情况下进入老龄化社会的。"十四五"期间，随着20世纪50年代新中国成立后第一次生育高峰出生的人口陆续步入老年，广西老年人口数量和比重仍会持续呈现增加和上升的态势，老龄化程度进一步加深，"未富先老""未备而老"特征突出。因此，广西建设老年友好型社区、积极应对人口老龄化势在必行。

（二）研究对象及问题

1.研究对象

本文的研究对象是城镇社区。之所以选择城镇社区是因为：（1）相比于广大农村社区，目前城镇社区在老年友好型社区建设方面的基础相对较好，从"示范性"角度而言资源富集，更容易建设好；（2）城镇社区相对集中，农村社区比较分散，进入城镇社区调研对调研团队而言更加便捷和高效；（3）调研团队所在学校为广西地方高校，因此就近选择广西城镇社区作为研究对象。

2.研究问题

2020年12月下发的《全国示范性城乡老年友好型社区标准（试行）》针对城镇老年友好型社区建设提出了七位一体共计52个方面的要求，分别是居住环境安全整洁（6条），出行设施完善便捷（7条），社区服务便利可及（13条），社会参与广泛充分（10条），孝亲敬老氛围浓厚（9条），科技助老智慧创新（4条），管理保障到位有力（3条）。

对照这些标准，目前广西做得怎么样？在先期试点逐步铺开，最后要求全面达标的背景下，广西区党委、政府相关部门亟须一线调研数据为后续推进老年友好型社区建设提供参考。基于这一原因，我们确立了"自今伊始乐余年：老年友好型社区建设现状调查——基于广西62个城镇社区的分析"的研究主题。研究这个课题主要考虑到：一方面新时期我国老年友好型社区建设非常迫切；另一方面广西是西南部少数民族聚居省份，广西老年友好型社区建设现状可以为其他类似省区提供借鉴和参考。

（三）研究意义

从现在到21世纪中叶，既是我国人口老龄化的高速发展时期，也是我国实现社会主义现代化的关键时期。建设老年友好型社区是积极应对人口老龄化的重要举措，是发挥社区积

---

① 许丹婷.莫道桑榆晚 人间重晚情——我区加快发展养老服务事业纪实［N］.广西日报，2017-01-18（10）.

极作用的基础性环节，也是建设老年友好型社会的第一步。

本文主要有以下几点研究意义：

首先，老年友好型社区建设是践行社会主义友善价值观的重要体现。老年人也是公民中的一员，不仅老年人要以身作则，发挥长者优势，带头践行社会主义友善价值观，做到与家人、熟人、陌生人为善，而且其他年龄段的公民也应善待老人，做到"老吾老以及人之老"。立足社区生活实际，如何创造条件，改善环境，让老年人既善待他人，也被他人善待，这是老年友好型社区建设过程中需要直面的问题。本课题研究可以为社会主义友善核心价值观的培育和践行提供一个社区建设视角。

其次，可以对国内现阶段"示范性城乡老年友好型社区建设"提供一些新思路。党和国家高度重视老年友好型社区建设，2006年7月14日，四川成都成华区电子科大社区创建了全国第一个"老年友好型社区"，[1] 此后全国很多地方都纷纷效仿，掀起了创建高潮，在获得宝贵的实践经验的同时也暴露出了如下显而易见的问题：一是对老年友好型社区的认知流于表面，要么将建设片面理解为硬件设施添置，将其等同于多建设些无障碍坡道、多搞点儿残疾人公厕；二是尽管全国有很多社区参与老年友好型社区创建，但在很长一段时间内我们没有统一的指导性建设标准；三是2020年《全国示范性城乡老年友好型社区创建标准（试行）》出台后，人们又将其武断地理解为全国一个模式。所以，我们这次调研将深入广西各市城镇社区，真正了解老年友好型社区的创建实情，探讨存在的问题及其成因，为我国现阶段老年友好型社区的精准创建提供一些新思路。

再次，有利于提高广西老年人的生活水平，满足其对美好生活的期待。广西老年人口基数大，增长速度快，未富先老特征突出。我们在中国特色社会主义新时期研究广西建立老年友好型社区存在的问题及其原因，旨在提高广西城镇社区服务的能力和水平，更好地满足老年人对物质环境、服务环境、政策执行环境的需求，对增进老年人福祉具有重要意义。

最后，丰富老年友好型社区创建经验，为其他地方提供借鉴。基于对广西62个城镇社区老年友好型社区创建现状的调研，我们认为：（1）虽然国家出台了统一的创建标准，但不能"一刀切"，因为每个社区本身的资源不同，老年人群体特征不同，所面临的问题也不同。因此，在对标满足基本安全、方便、舒适条件的基础上，还要深入调研，针对各个社区的具体情况和老年人的突出需求，精准施策，一社一策。（2）虽然老年友好型社区创建结果满不满意老年人最终说了算，但需要在社区自治基础上充分调动多元建设主体，架构起政府搭台，社区、社会组织、家庭、老人、志愿者、社会工作者群策群力协作服务的常态化平台和

---

① 秦勇，林枫. 成华区启动全国首个"老年友好社区"建设［N］. 成都日报，2006-07-25（A07）.

机制。

（四）文献综述

1.关于老年友好型社区的内涵及其内容研究

21世纪以来，创建老年友好型社区已经成为欧美各国应对老龄化挑战的重要举措。2005年，世界卫生组织启动老年友好城市项目，并在许多场合使用"age-friendly community"，随后"老年友好社区"这一概念被世界各个国家和地区广泛使用，但对其内涵的理解却存在着差异。

美国退休者协会（American Association of Retired Persons）最早提出"老年友好型社区"是住房适宜、社区功能及服务完善、交通便捷的社区。[①]世界卫生组织后来将其定义为：通过提供保健、社会参与和安全服务，提高老年人生活质量和鼓励积极老龄化的社区。[②]Alley等人从"人与环境匹配"角度将其界定为：在建设完善基础设施和提供良好服务的基础上满足老年人多维度需求，让老年人在参与互动中实现自我的价值。[③]

关于老年友好型社区的内容，不同的研究者有不同界定。世界卫生组织将其分为住房、户外空间与建筑、交通、社会参与、尊重与社会包容、社区支持与健康服务、交流和信息、市民参与和就业八个方面。也有学者在广泛参考国内外技术体系和相关文献的基础上，提出邻里环境、环境性能、住房情况、服务和设施、社会参与等内容。[④]总结上述内容，可以进一步概括：老年友好型社区的建设可以从软件、硬件及其融合发力的角度分为物质环境、服务环境和政策执行环境三个维度。其中物质环境主要指社区老年人物质生活便捷、高效、宜居所需要的"硬件"环境，包括交通、住房、户外空间与建筑设施等；服务环境是指社区老年人为满足物质需要、精神需要和自我实现需要过程中所要求的各种"软件"环境，包括医护照料、人文关怀、信息获取、技术使用、社会参与、自我价值实现等；政策执行环境是政府及其相关职能部门在宣传、执行、评估、监督老年友好型社区建设相关政策的过程中所需的条件及所受影响因素的总和，优良的政策执行环境是老年友好型社区所需物质环境和服务环境得以满足和融合发力的前提。只有具备了良好的物质环境、如意的服务环境和优良的政策执行环境，老年友好型社区的建设才能有所保障。

2.关于老年友好型社区建设对策研究

社区建设如何才能使老年人感觉到友好？不同学者有不同看法。有人认为，"硬件"不

---

① AARP. Livable Communities：An Evaluation Guide［R］.Washington.DC：AARP Public Policy Institute，2005.

② WHO. Global Age-Friendly Cities：A Guide［R］. Geneva，Switzerland：World Health Organization，2007.

③ Alley，et al［J］. Creating Elder-Friendly Communities：Preparations for an Aging Society. Journal of Gerontological Social Work，2007（49）：1-18.

④ 于一凡，朱霏飏，贾淑颖，等.老年友好社区的评价体系研究［J］.上海城市规划，2020（6）：1-6.

够，"软件"来凑，在物质环境不能得到充分保障和满足的情况下，社会环境的建设就越发重要，创造良好的社区社会环境可以给老年人提供各种参与机会，以塑造照顾长者的社会和空间环境。[①]也有人认为，为了确保老年人安全舒适，必须对其住宅进行适老化设计，同时为了让老年人活动便捷，有必要对公共设施进行改善和合理布局。[②]显而易见，在积极老龄化理念下，不论物质环境改善还是服务环境优化，创造条件积极鼓励老年人参与社区活动和事务已经成为人们的共识。还有人进一步指出，老年人不仅要参与社区活动，而且最好和自己的家人在一起——因为通过对传统社区的经验观察，人们发现老年人和年轻人住在一起，可以增加彼此的互动（按照社会冲突理论，矛盾冲突也是互动），有助于老年友好型社区建设。另外，还有学者在梳理与总结相关国际实践经验的基础上，结合我国相关实践中存在的问题，提出应重点完善老年友好的健康社区营造内容体系，构建更为平衡的多元主体关系和建立分层级的协同营造机制等建议。[③]概览已有研究，学者们从物质环境改善、社会环境营造、国际经验借鉴等方面为老年友好型社区建设提供了对策，也为我们今天进一步研究老年友好型社区提供了第一手资料。

综上所述，已有的研究已经部分解释了老年友好型社区的内涵、建设内容及其建设的对策，为我们的调查研究提供了理论基础。但同时也发现，已有研究事实上做得还不够：（1）已有研究主要是理论文章，缺乏对老年友好型社区建设现状的调查。主要原因是：尽管理论界很早就在讨论，但我国2020年年底才制定了城乡老年友好型社区建设试行标准，因此，就我们所掌握的资料看，国内还没有这方面的一线调查研究。（2）就已有的理论研究看，如何理解老年友好型社区的建设，学者们的观点都很有见地，但是不成体系。（3）每一个社区都有自己的具体情况，宏观对策当然可以套用，但是要想彻底解决问题就必须立足社区实情，一社一策，在调研基础上精准施策，精准建设。正因为存在这些问题，所以，我们的调查不仅有意义，而且在前人基础上还有所创新。

（五）理论依据

如何建设老年友好型社区？建设理念的不同决定了所援引的理论也不同。我们主要是在国家实施积极应对老龄化战略的前提下展开老年友好型社区建设情况的调研。我们的基本理念是：（1）以积极的态度、扎实的措施建设老年友好型社区，进而建设老年友好型社会，本质上体现了中国特色社会主义在应对老龄化社会挑战方面的优越性，我们有信心做好

---

① Kien To, K.H. Chong. The traditional shopping street in Tokyo as a culturally sustainable and ageing-friendly community[J]. Journal of Urban Design, 2017, 22（5）: 637-657.

② Steels. Key characteristics of age-friendly cities and communities: A review[J]. Cities, 2015（47）: 45-52.

③ 胡晓婧，黄建中. 老年友好的健康社区营造：国际经验与启示[J]. 上海城市规划，2021（1）: 1-7.

这些，同时全社会也都在行动。此外，在积极老龄化视域下，老年人非但不是社会的"多余部分"或者"被抛弃的累赘"，而且应该成为美好生活建设的重要力量。（2）先谋后动，在建设老年友好型社会之前，先通过调研搞清楚影响建设的因素，从理论上讲，社区是否友好老年人说了算，其影响因素在于所处社区物质环境、服务环境和政策执行环境是否能满足老年人友好需求。（3）虽然大多数老年人确如王维在《酬张少府》中所言"晚年唯好静，万事不关心"，但是"静"和"闲"何尝不意味着空虚、无聊？又何尝不是戕害、蚕食老年人余年的罪魁祸首？为了让老年人在晚年获得尽可能多的价值，建设老年友好型社区需要老年人"动"起来。俗话说"老当益壮"，老年人应该积极参与各种活动，让自己忙起来、动起来，融入社会、融入社区，为老年友好型社区建设继续发光发热。基于以上理念，课题组选择了以下三种理论：

1.积极老龄化理论

该理论是世界卫生组织2002年提出的，其核心要义在于：政府、社会、社区、家庭等多元主体要全力以赴创造条件，满足老年人自我实现需求，要将老龄化看成一个积极的、正面的、充满活力和创造性的过程。"积极"一方面指老年人积极参与各类事务，融入社会，为社区、社会发光发热贡献自我；另一方面体现为政府、社会、社区、家庭等主体要为老年人的健康快乐生活积极行动有所作为，老年人则要积极融入社会，紧跟时代，老有所为。[①]

2.老龄化生态模型理论

Lawton的老龄化生态模型指出，行为和结果是个体能力与环境压力之间相互作用的函数关系。[②]在此基础上，Menec等人建构了一个更加综合的生态模型，阐明了老年友好型社区的内容架构，强调社区物质、社会和政策环境之间的相互关联、相互影响，所以人与环境的契合度是决定社会联通性的关键。[③]生态模型对老年友好型社区的理解强调了老年人与所处社区环境的相互关系，这种环境包括物质环境、社会环境和政策环境。[④]

3.活动理论

活动理论由Cavan于20世纪50年代提出。该理论认为，老年人是中年人的延伸，同中年人一样，仍然可以从事社会工作和参与社会活动；参与活动频率越高，活动程度越深，老

① 邬沧萍，彭青云.重新诠释"积极老龄化"的科学内涵［J］.中国社会工作，2018（17）：28-29.

② Scharlach. Aging in Context: Individual and Environmental Pathways to Aging-Friendly Communities-The 2015 Matthew A. Pollack Award Lecture［J］. The Gerontologist，2017，57（4）：606-618.

③ V.H，Menec，R. Means，N. Keating，G. Pankhurst，J. Eales.Conceptualizing Age-Friendly Communities［J］. Canadian Journal on Aging，2011，30（3）：479-493.

④ A.DeLaTorre，M.B. Neal. Ecological Approaches to an AgeFriendly Portland and Multnomah County［J］. Journal of Housing for the Elderly，2017，31（2）：130-145.

年人越容易与人交往，对自己的生活就越发满意；保持高频率的社会参与和深入的社会活动，可以最大限度地保持老年人的生活活力，从而缩短其与社会和他人的距离。[①]

（六）研究思路与方法

1.研究思路

按照"发现问题—分析问题—解决问题"的逻辑，本文思路具体如图4-1所示。

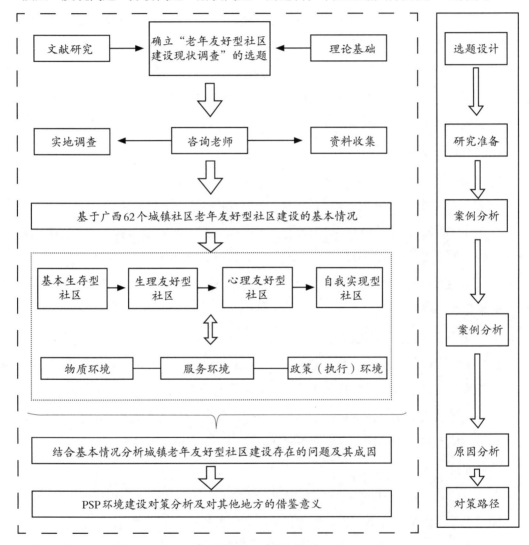

图4-1 研究思路

（1）在对现有中外研究文献成果进行梳理以及结合广西62个城镇社区老年友好型社区建设现状的基础上，运用了积极老龄化理论、老龄化生态模型理论、活动理论3个理论提出了"老年友好型社区建设现状调查——基于广西62个城镇社区的分析"这一课题。

---

① 范明林，马丹丹.老化与挑战：老年社会工作案例研究［M］.上海：华东理工大学出版社，2017：14-15.

（2）接下来在老师的带领下进行实地调研，并就相关问题向老师展开咨询。运用问卷调查、实地调查、访谈法、观察法等方法对广西各市共计62个城镇社区的老年友好型社区建设现状展开调研。

（3）在调查研究基础上，针对调研社区进行社区建设老年友好程度的类型学分析，旨在找准不同类型的社区在建设中面临的问题。针对调研社区，按照友好程度总结出了四种类型，并在此基础上，有针对性地找到四种类型的社区所面临的问题，进而分析这些问题产生的原因。

（4）针对面临的问题和产生的原因，提出PSP环境建设对策。提出各类型社区加强老年友好型社区建设的措施，希望在"积极老龄化"前提下，最大限度地改善老年人所在社区的物质环境、服务环境和政策执行环境，让老年人在公平地享受硬件设施带来的便捷的同时，享受优质高效的软件服务，享受令人满意的全方位政策服务。

2.研究方法

（1）问卷调查法。

课题组根据国家卫健委和老龄办制定和下发的老年友好型社区建设试行标准，设计出了调研问题，整份问卷共27道题，单选题16道，多选题10道，开放性问答题1道，主要向社区老人及其家属发放，收集被调研家庭针对老年友好型社区建设情况的反映。本次调研活动课题组经过抽样，对广西62个城镇社区发放了1860份调查问卷。由于是现场自填问卷，所以问卷能够全部收回。剔除掉没有填完整的和答案模棱两可的，有效问卷共计1727份，有效回收率为92.84%。本问卷根据SPSS数据可信度分析，Cronbach's α 的值是0.907，说明具有较高的信度，见表4-1。

表4-1 可靠性统计量（信度分析）

Cronbach's α	基于标准化项的 Cronbach's α	项　数
0.885	0.907	87

（数据来源：调查问卷的SPSS可信度分析）

（2）文献研究法。

课题组通过对相关研究文献进行爬梳，整理出与课题相关的理论，提炼出对报告有帮助的信息，在此基础上对课题的研究背景有了更清晰的认识，从而进一步提炼出相关调研问题。同时课题组对相关的数据进行有效分析，为报告撰写提供参考。

（3）访谈法。

在实地走访过程中，课题组对调研对象进行全方面、多角度的访谈，并对相关的重要问题做好记录。同时，对老人家属，社区、街道、区县领导，以及相关的志愿者和社会工作组织（个人）也进行了深度访谈，多方面掌握老年友好型社区的建设情况。

（4）实地调查法。

我们在调研期间，走访了抽样抽到的62个城镇社区，用脚步丈量社区空间的同时，"眼观六路，耳听八方"，亲身观察和近距离感受了广西城镇老年友好型社区建设状况，深入了解了目前存在的问题及其原因。此外，我们还重点走访了一些建设较好的社区，从而进一步思考在此基础上推进老年友好型社区建设的可能性。

（七）小结

本节主要阐释了研究该课题的背景，认真分析老年友好型社区建设的必要性和可行性。我们结合已有研究，以积极老龄化理论、老龄化生态模型理论、活动理论为理论依据，按照"发现问题—分析问题—解决问题"的逻辑，运用问卷调查、文献研究、实地调查等方法，对广西62个城镇社区老年友好型社区建设现状展开调研，了解当前广西城镇老年友好型社区建设的基本情况，为后续研究的推进和完善提供参考。

二、未富先老：广西老年友好型社区建设势在必行

（一）广西老龄化情况简介

广西自1996年就已经进入了老龄化社会，是全国最早进入老龄化社会的省区之一，也是五个少数民族自治区中老龄人口最多的地区。从2010年到2020年的人口发展趋势看，广西老龄化朝着不断加深的趋势发展。广西第七次全国人口普查显示，广西60岁及以上人口有836.38万人，占比为16.69%。因此，按联合国统计标准，广西已经是人口老龄化比较严重的地区，具体情况见表4-2。

表4-2　广西老龄人口结构分布统计表

年份（年）	常住人口（万人）	60周岁及以上人口（万人）	占常住人口比例（%）	65周岁及以上人口（万人）	占常住人口比例（%）
2010	4610	603.68	13.11	425.32	9.24
2011	4645	436.14	9.38	456.00	9.83
2012	4682	639.56	13.66	456.00	9.74
2013	4719	643.00	13.62	456.00	9.66
2014	4754	633.00	13.31	460.00	9.67
2015	4796	709.33	14.79	478.20	9.97
2016	4838	716.00	14.79	481.40	9.95

续表

年份（年）	常住人口（万人）	60周岁及以上人口（万人）	占常住人口比例（%）	65周岁及以上人口（万人）	占常住人口比例（%）
2017	4885	723.14	14.80	486.05	9.65
2018	4926	730.05	14.82	490.63	9.96
2019	4960	737.55	14.87	496.00	10.00
2020	5013	836.38	16.69	611.41	12.20

（数据来源：广西国民经济和社会发展统计公报、广西第七次全国人口普查）

对此，广西积极创建老年友好型社区以应对人口老龄化。2019年经自治区民政厅、住房和城乡建设厅组织专家评审，全区有13个社区入选AAA级广西老年人宜居社区，其中南宁3个，柳州6个，桂林2个，梧州和贵港各1个。2021年3月广西区卫健委和老龄办下发了《关于开展2021年全国示范性老年友好型社区创建评选工作的通知》，提出2021年度全区有30个申请名额，其中南宁、柳州各4个，桂林5个，河池3个，梧州、贵港、玉林、百色各2个，其余区市各1个。广西老年友好型社区建设已经在行动。

（二）调查样本选择与抽样

大多数研究活动往往选择抽样调查。相较于普查，其优点如下：（1）通过抽样得到的研究结论，对解决同类对象问题有借鉴意义，可从部分推广到整体；（2）更符合经济性、可行性原则；（3）能很好地解决普查方法的局限性问题：普查方法往往需要考虑样本量、复杂度等客观问题，抽样调查就能作为有力补充。结合实际，考虑到抽样调查的优势，本调研活动选择抽样调查方法：根据比例抽取样本，对样本数据进行科学加工处理、分析，梳理后得出最终结论，进而为其他地区老年友好型社区建设提供借鉴和参考。

1.样本选择

首先，广西是最早进入老龄化社会的省区之一，也是目前五个少数民族自治区中老龄化人口最多的省区，因此，课题组选择广西作为老年友好型社区建设现状调查地。

其次，根据广西14个市的城镇社区数量，按照35∶1的比例来确定调研广西各市的社区数量。在确定城镇社区数量后，我们根据各市与学校所在地距离的远近以及结合学校的寒暑假、节假日来确定调研小组走访广西各市的先后次序。我们想方设法克服困难，高强度推进工作，目的就是力求对广西的老年友好型社区建设进行一个比较详细、深刻的了解，以便更好地提出有建设性的意见，为政府制定相关政策提供科学参考。

最后，对各市比较有代表性的社区进行了有针对性的走访调查，遗憾的是，本想到上海看看东部发达城市在老年友好型社区建设中的典型和榜样，但因为疫情未能成行。

2.问卷抽样

本次调查共印制2000份问卷，实际调研一共发放了1860份，如前所述收回有效问卷1727份。按照抽样要求，对各市走访时发放问卷数量分配情况如下：南宁市362份、柳州市239份、桂林市213份、梧州市121份、北海市92份、防城港市62份、钦州市88份、贵港市91份、玉林市119份、百色市93份、贺州市57份、河池市148份、来宾市91份、崇左市84份，见表4-3。

表4-3 问卷抽样表

地 区	城镇人口总数 （万人）	城镇社区数 （个）	35：1抽样社区数 （个）	实际发放问卷数 （份）
南宁市	467.88	412	12	362
柳州市	266.80	289	8	239
桂林市	260.20	250	7	213
梧州市	163.02	140	4	121
北海市	101.09	93	3	92
防城港市	57.52	60	2	62
钦州市	136.41	122	3	88
贵港市	225.77	104	3	91
玉林市	294.47	168	4	119
百色市	138.34	93	3	93
贺州市	97.70	53	2	57
河池市	138.09	172	5	148
来宾市	102.60	97	3	91
崇左市	84.41	103	3	84
合 计	2534.30	2156	62	1860

（三）小结

建设老年友好型社区是积极应对人口老龄化的重要举措。基于广西当下老龄人口基数大、老龄化程度日益加深的情况，广西大力推进老年友好型社区建设不仅必要而且急迫。那么，目前广西城镇老年友好型社区建设情况如何？有何问题？如何改善？科学的抽样方法是回答上述问题的基本前提，我们按照分层随机抽样的方法，从广西14个市共计2156个城镇社区中，按照35：1的比例随机抽取62个城镇社区进行调研，实际发放问卷1860份，收回有效问卷1727份，问卷有效回收率为92.84%。

三、参差有别：广西62个城镇社区老年友好型社区建设情况的类型学分析

本次调研活动主要是针对城镇社区，按照抽样结果，我们共走访了广西62个城镇社区，其中走访南宁市12个社区、柳州市8个社区、桂林市7个社区、梧州市4个社区、北海市3个社区、防城港市2个社区、钦州市3个社区、贵港市3个社区、玉林市4个社区、百色市3个社区、贺州市2个社区、河池市5个社区、来宾市3个社区、崇左市3个社区。在走街进户，反复讨论琢磨之后，我们形成了一个基本共识：这62个抽样社区按照调研情况，基于它们的相似性是可以进行归类的，根据目前友好型社区的建设情况，按其友好程度可以分成四种类型，分别是：基本生存型（仅满足基本生活需要但不属于友好型）、生理友好型（能满足生理或者物质需要）、心理友好型（能满足心理或者精神需要）、自我实现型（精神和物质服务都不错，能满足自我实现的需求）。

之所以分类，一是调研信息客观使然，实地问卷调查、访谈和观察之后，所获得的各方面信息促使我们有共同的感觉：尽管这些社区数量不少，建设程度也参差不齐，但是基于相似性大概可以归结为以上四类；二是采用类型学分析方法将调研社区分为四类，便于找共性，进而针对不同类型社区在创建老年友好型社区过程中所面临的问题提供指导；三是分类施策是一社一策、精准创建的前提和基础，同一类社区中的每一个社区不仅面临着共性问题，而且面临着自己独有的问题。因此，既要分类找共性，也要尊重、关注个体的差异性。而且，分类是社区个体化精准分析、精细化施策的前提，二者并不矛盾。就方法论而言，在分类基础上，找共性问题，再深入个体性问题精准施策，这是一种高效而有益的尝试。

（一）基本生存型社区

基本生存型社区是指社区里的物质环境老旧，仅能基本满足人们的日常生存所需，服务环境和政策执行环境建设离国家老年友好型社区建设标准较远，不仅从生理和心理角度谈不上友好，更遑论老年人的自我实现。我们在调研中发现，属于这种类型的城镇社区主要是一些基础设施老旧、治理水平较低的社区，而且其中有些社区曾经属于"城中村"。

在本次的实地调研中我们发现，基本生存型社区主要集中在百色、河池、梧州这三个市。这三个市的生计方式比较单一，以传统农业、手工业为主，经济发展相对落后；这里的社区设立的时间都比较早，建设资金缺乏，硬件设施老旧，社区治理水平低，服务意识差，服务对象与社区治理处于脱节游离状态。

我们对这三市的抽样社区进行了入户调查，与老人及其家属进行访谈。下面是我们在广

西百色市的抽样社区与韦某及其母亲的谈话记录：

问："您觉得居住的社区硬件如何？总体感觉友好吗？"

韦："我们这个社区房子太老了，其他东西也旧。当然人也老，老人还挺多的。怎么讲呢？老人在这里基本生活还可以，但是很多单元没有电梯，很不方便的。"

问："如果奶奶平时去楼下锻炼，有老年人使用的健身器材吗？"

韦："没有大人用的，小娃娃玩的倒是有，也是前年才装上去的。"

问："那奶奶平时是如何打发时间的？"

韦："主要是在家给我们带小孩，有时候也和社区里认识的其他奶奶一起去院子里走走。"

问："社区平时管理服务怎么样？您满意吗？"

韦："有事时，社区的人就来一下，平时没事也不来的。不知道如何评价，主要是和他们不熟，也不知道他们具体在做什么，不好说。"

问："您觉得咱们社区对老年人友好吗？"

被访奶奶："我天天都这样过，这几年都在带孙女，友不友好也不太懂。"

问："就是说您觉得社区工作人员还有那些住在这里的人，他们对您友好吗？"

被访奶奶："我2013年过来帮忙带小孩，来这么久我都没认得社区里的工作人员是谁，倒是社区里平时一起带小孩的几个姨妈对我挺好的。"

问："那您参加过社区举办的活动吗？"

被访奶奶："没有，也没听说过社区办过什么活动。我不爱出门，出去还要来回爬楼梯，累得很，不愿出去。"

问："那奶奶您对现在的生活满意吗？"

被访奶奶："啥满不满意的，到我们这个岁数了，能过一天是一天，凑合着过呗，帮着带带娃、做做饭，也就能做这些事了。"①

我们还走访了这些被访社区的居委会，个别工作人员对我们的到来表现出不太欢迎的态度，经了解这些社区的主要困难是：第一，社区老旧，普遍没有电梯，改造难度大，所需资金和其他资源的数量巨大；第二，工作人员素质一般，个别缺乏服务意识；第三，服务环境、政策执行环境的营造一般，老年人与社区治理处于彼此悬隔、自发生存的状态。结合访谈和调查问卷第3~16题，我们发现这种类型的社区总体上能满足老年人基本生存需要，但

---

① 内容来源于对广西百色市韦某及其母亲的访谈。

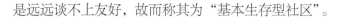

是远远谈不上友好，故而称其为"基本生存型社区"。

（二）生理友好型社区

生理友好型社区是指社区里的物质环境相对较好，居住环境安全整洁，对住房空间布局、地面、扶手、厨房设备、如厕洗浴设备、紧急呼叫设备等方面有适老化改造和维修，出行设施完善便捷，但是社区服务便利可及性、社会参与程度、孝亲敬老氛围营造、科技助老智慧创新等方面还有待提升。

在本次实地调研中我们发现，生理友好型社区所占比重较高，将近60%，主要集中在南宁、柳州、桂林这三个市。下面是我们走访了广西柳州市某社区，对覃某某及其岳父进行的访谈，访谈内容如下：

问："在您的社区，您觉得人们对老年人友善吗？"

覃："我们社区对老年人还是很好的，社区里比较方便，每一栋楼每个单元都有电梯，还有无障碍通道——你们进来估计也看到了。院子里还有公共厕所，出去玩也不用跑回来。社区里面人车分流，老人小孩都不用担心，也不吵。"

问："社区对老年人的服务您觉得怎么样？"

覃："这个不清楚，反正只是觉得社区好像没有这样的服务，平时都是老人家自发组织的，自己玩，就没见有工作人员。"

问："爷爷，您觉得是这样的吗？"

被访爷爷："我们都是自己在下面玩，没人安排的，没有那么好的。"

问："社区有针对老年人进行心理服务的机构或者人员吗？"

被访爷爷："这个我没晓得。"

覃："社区里好像有，但也没见老年人去过，估计和图书室一样都是摆设，做样子的。"

问："平时社区里有涉及老年人的一些事情，工作人员会来征求各位爷爷、奶奶的意见吗？"

被访爷爷："没有听过，反正我在这里住了6年了，没听说过。"

问："社区里有教老年人使用手机、电脑或者上网这样的服务吗？"

覃："你想多了，没有的，都是我们自己教老人家的。"

问："社区里有专门为老人服务的社工或者志愿者吗？"

覃："有见穿志愿者红马褂的，但只是偶尔，不知道是不是为老年人服务的。"

问："您觉得有哪些针对老年人的服务工作是社区目前最需要做得更好的？"

覃："能不能关照一下几个生病而家里人又不在身边的老人，主要是没人帮他们，连个说话的人都没有，怪可怜的，这几个单元里我都认识几个。"

问："好的，我们会向社区反馈一下您的诉求，这个请您放心。非常不好意思，问了这么久，实在是耽误您时间了，谢谢您，谢谢爷爷！"[①]

其他还有一些对话内容都差不多。这些社区有以下显著特征：第一，基本上都是近20年内建立的社区，基础设施相对比较好；第二，社区基础设施适老性改造相对到位，老人居家和出行比较方便；第三，硬件设施好，但软件建设明显欠缺，例如，没有家庭医生签约服务，缺乏老年人健康知识宣传、普及服务，老年人日常生理关怀和心理疏导机制缺乏，没有充分发挥老年人的积极作用，没有引导和组织老年人参与社区治理和服务，没有积极老龄观方面的教育，社区为老服务信息化水平低。

（三）心理友好型社区

心理友好型社区是指老年人无论居家还是在社区里都能得到良好的关怀和照顾。家庭层面，老年人与家人、邻里关系和睦；社区层面，能够通过持续不断地改善硬件，提高软件服务水平，从细节上为老年人着想，老年人有自己的圈子，同时，能够积极地参与社区事务中去，心理上有归属感和满足感。

在本次的实地调研中我们发现，心理友好型社区所占比重为16.13%，也主要集中在南宁、柳州、桂林这三个市。下面是我们走访了广西南宁市某社区，对李某某及其父亲进行的访谈，访谈内容如下：

问："您觉得居住的社区对老年人友好吗？"

李："我们社区老年人普遍都过得不错，因为我们这个社区主要是高校退休的教师，每个人都有退休金，社区硬件虽然比不了隔壁那两个高档小区，但我们的社区服务工作做得还不错，老人家生活在这里明显感觉还是很幸福的。"

问："那老年人对社区事务的参与应该很积极吧？"

李："是的，因为退休之前都是老师，责任心比较强，习惯也好，很多老同志都看书看报，所以社区事务他们很关心。比如前一段时间社区发选票，很多老人投票比年轻人都积极，当然主要是他们闲着的时间多。"

问："咱们社区有专门为老人疏导心理的工作室或者服务人员吗？"

被访父亲："有的，每天都有人值班，他们上班时间都在的。"

问："我进社区的时候留意了一下，好像咱们社区各方面细节做得还是非常到位的，一进来就觉得井井有条，很舒心，咱们社区的服务应该不错吧？"

[①]　内容来源于对广西柳州市的覃某某家庭进行的访谈。

　　李："是的，社区服务工作大家总体上还是比较满意的，主要是平时大家包括老年朋友在内的居民提了很多意见，他们社区工作人员也愿意积极改进，所以还可以。"

　　问："好的，耽误您时间了，谢谢！"[1]

　　这类社区有以下显著特征：第一，社区服务环境比较好，调研中我们发现：物质环境的改善不一定让老年人感觉到友好，但服务环境的改善，老年人通常都会认为友好。一个物质环境差的社区，如果它的服务环境很好，那么老年人也会认为友好；相反，如果一个社区虽然物质环境不错，但是服务环境差，那么老年人一定会觉得不友好。第二，类似社区内的老年人比较有主见，对积极老龄化理解比较到位，人际关系普遍较好。第三，老年人有自己的朋友圈，对各项事务参与度高，归属感强。

（四）自我实现型社区

　　自我实现型社区是指物质环境、服务环境、政策执行环境都较好，有条件满足老年人个人才能和潜能充分发挥的社区。在自我实现型社区中，能够实现老年人的个人理想、抱负，能增强老年人的自我效能感，满足老年人对美好生活的期待。自我实现型社区是老年友好型社区的理想状态。

　　在本次的实地调研中我们发现，自我实现型社区比重虽然最低，仅占4.84%，但还是有的，分别在南宁、柳州、桂林这三个经济发展较好的市。下面是我们走访了广西柳州市的某军属社区，对退休老人桂某某进行的访谈，访谈内容如下：

　　问："您好，咱们社区是军属区，您觉得这里对老年人友好吗？"

　　桂："咱们社区对老同志还是非常友好的，社区里每天都有社工或者志愿者来组织活动，大大小小的事务也都会一户户上门安排。"

　　问："那您平时是怎么安排您的时间的？"

　　桂："我如果有安排，我就自己做自己的事情。比如我喜欢书法和拉二胡，那我就在家自娱自乐；如果不想在家，我就参与社区里每天为老人们组织的活动。他们很厉害，一周七天每天的活动内容都不重样，有专门的志愿者或者社工负责。下下棋，聊聊天，打打球，拉拉琴，遛遛狗，养养花，时间还是好打发的。"

　　问："社区硬件软件服务都不错，爷爷您觉得在这里能够满足您自己的需求，满足您美好的生活愿望吗？"

　　桂："现在党和国家对离退休人员的政策都很好，因此社区方方面面也都做得比较到位，

---

[1]　内容来源于对广西南宁市的李某某家庭进行的访谈。

我很满意。在这里我们很自由，只要不生病，我们就可以做我们想做的事，总体上比较满意。年纪大了，孙子孙女也大了，不需要带，时间比较充裕，闲下来主要就是自己写写字、拉拉琴。琴已经练了好几年，自我感觉还是有进步的，以前在家一拉琴他们就说我，因为刚开始拉，不好听。现在不说了，估计是习惯了，当然，我拉得也好听了，哈哈哈……"

问："好的，希望爷爷身体健康，笑口常开。今天耽误您休息的时间了，谢谢您！"①

这类社区有以下显著特征：第一，社区物质环境、社会服务环境、政策执行环境都比较好；第二，社区内老年人多为离退休干部，经济条件好，整体素质高；第三，老年人能得到社会的普遍尊重，同时能在适宜的环境中充分发挥自我潜能，实现自我价值。

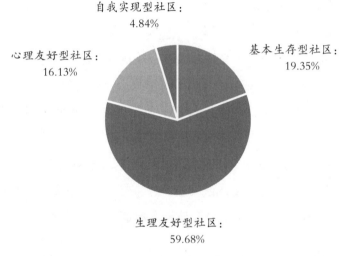

图4-2　抽样社区老年友好类型所占比例统计图

（数据来源：调查问卷整理）

老年友好型社区的目标是提高老年人身心健康和生活质量，最终要渐次达到以下目标：（1）保障老年人生存基本需要和安全感；（2）提高老年人身体健康满足感；（3）增加老年人独立自主的机会，满足老年人自我成就感和精神获得感；（4）增加老年人参与社区治理和服务的机会，满足老年人对生命生活的意义感。结合前面的城镇社区老年友好的类型分析，如果只满足第（1）条，那么这样的社区我们称之为基本生存型社区；如果满足了（1）（2）两条，我们称之为生理友好型社区；如果满足了（1）（2）（3）条，我们称为心理友好型社区；如果同时满足了以上四条要求，我们可将其称为自我实现型社区。

基本生存型社区物质环境、服务环境和政策执行环境都需要改善；生理友好型社区需要着重加强服务环境和政策执行环境建设；心理友好型社区存在两种可能，一种是物质条件好

---

① 内容来源于对广西柳州市某军属社区的退休老人桂某某进行的访谈。

且服务环境也好，另一种是物质条件差但服务环境好，前者需要优化政策执行环境，后者需要加强物质环境和政策执行环境建设；自我实现型社区虽然是老年友好型社区之典范，但是为了持续发展，仍然需要加强政策执行环境建设。

（五）小结

本节以课题组的调研信息为基础，对广西62个城镇社区的老年友好型社区建设情况进行类型学分析，将其分成基本生存型、生理友好型、心理友好型、自我实现型四类，并定义了这四种类型社区的概念，向大家清晰地展现不同类型社区的实际情况并分析建设老年友好型社区面临的主要问题。分类施策是一社一策精准创建的前提和基础，就方法论而言，在分类基础上找共性问题，然后深入个体性问题精准施策，是一种高效而有益的尝试。

四、找准病根：广西62个城镇社区老年友好型社区建设中的问题及成因分析

结合调研实际，我们发现，在老年友好型社区建设过程中，主要存在三个方面的问题：第一，物质（硬件）环境有待改善；第二，服务（软件）环境亟待重塑；第三，政策执行（传递）环境需要优化。

（一）巧妇难为无米之炊：物质环境是硬性制约

物质环境是评价老年人生活质量必不可少的重要因素。在建设老年友好型社区过程中，面临的最大、最基本的问题就是物质环境的硬性制约。

1.住宅适老化建设程度低

我们通过对62个社区的走访调研发现，被调研的老年人有将近一半都居住在过去单位分配的房子里，住宅相对老旧，基础设施老化严重；大部分老年住宅里面没有马桶，而是老式的蹲便器，卫生间地板和其他房间地板存在着高差，既不方便也不安全；房屋老旧，后期无障碍适老化改造难度大；有很多老式住宅没有电梯；住宅缺乏适老化便捷设施，以至于老年人无法独立生活，常年需要有人照料；住宅走道等公共空间灯光昏暗、杂物堆积、电线乱扯，安全隐患较大。更令人不解的是，最近这几年开发的部分住宅居然也不重视适老化设计。

我们对社区楼道报警设备的安装情况展开调研，47.54%的调查对象表示没有安装，41.46%的调查对象表示不知道，只有11.00%的调查对象表示社区楼道内安装了报警设备，这表明社区对老年人安全的保护意识不强，保护力度不够，如图4-3所示。

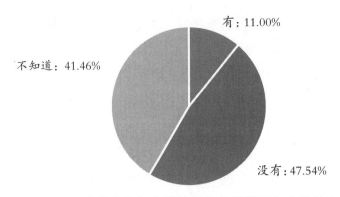

图4-3 社区楼道内老年人能够操作的报警设备安装情况

（数据来源：调查问卷整理）

在问卷调查中，调查对象对老人住宅适老改造的迫切需求也印证了当前硬件存在的问题。在被问及"您觉得家中哪些方面急需通过市场化运作或政府资助等方式进行改造，以降低老年人的生活风险"时，调查对象们认为，主要有以下几个方面急需改造：居住空间布局（60.97%）、地面（58.60%）、扶手（76.84%）、厨房设备（38.97%）、如厕洗浴设备（54.89%）、紧急呼叫设备（74.35%）、其他（13.67%），如图4-4所示。其中，认为紧急呼叫设备急需改造的占比74.35%，这表明大多数调查对象都希望家中能够安装紧急呼叫设备，凸显了当前老年群体家中紧急呼叫设备安装不到位的问题。

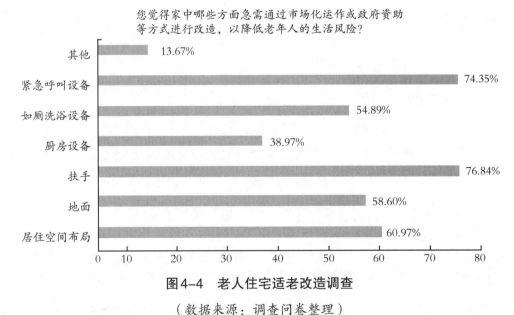

图4-4 老人住宅适老改造调查

（数据来源：调查问卷整理）

目前，老年人住宅适老化建设程度低，主要有以下原因：

（1）设计理念落后，人们对适老住宅存在着认识偏差。[①]不少住宅没有适老化设计，大部分设计师对适老化的理解也比较肤浅，仅仅按照"教条"满足设计规范要求，没有充分考虑到老年人的实际生活需求，对老年人的身心特点缺乏关注，实用性不强，体验性差。而且很多居民也没有住房适老化设计建设的概念，购房时也不在意。（2）家庭和社区对老人适老住宅的重视程度不够，现今适老改造任务艰巨，资金投入力度不足。（3）政府相关部门及社区在住宅适老化改造方面还没有进行需求评估，也没有做统筹规划。

2.户外空间设施及环境适老性差

（1）部分社区户外设施适老程度低。

第一，户外公共设施建设仍需加强。尽管社区户外公共设施是面向所有年龄段的居民开放的，开放的目的在于通过设施共享实现社区融合从而避免老年隔离，但就目前而言，户外公共设施适老便捷度还有很大的提升空间。在调研过程中，针对如何提升老年朋友出行的便捷程度问题，被调查者认为以下几个方面需要重点加强建设：增设休息座椅（63.87%）、增加扶手（54.26%）、改造现有楼梯（48.18%）、改造现有坡道（47.02%）、增设电梯（45.74%）、改造现有电梯（40.94%），如图4-5所示。这表明当前社区适老出行的公共设施建设存在不足之处，需加强改善。

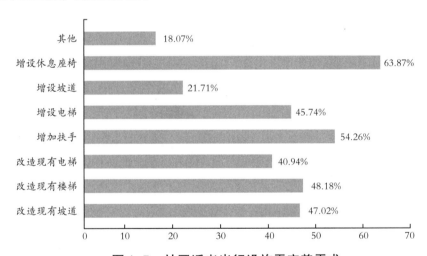

图4-5　社区适老出行设施需完善需求

（数据来源：调查问卷整理）

我们还对社区步行道路的建设情况进行了调查，调查结果显示：在1727个调查对象中，认为社区步行道路平整安全的有1124人，占总样本的65.08%；有728人表示社区步行道路没有障碍物，仅占总样本的42.15%；有977人表示社区的步行道路、活动场地等设施设

---

① 周燕珉，等.老年住宅［M］.北京：中国建筑工业出版社，2011：17.

置了照明设备，占总样本的56.57%。（见表4-4）这表明还有相当多的社区步行道路存在不平整不安全、乱放占用、缺少照明设备等问题，影响老年人的出行安全，需要重点加强改善。

表4-4　您所在社区步行道路情况

内　容	人　数	百分比（%）
满足安全便利要求，保证步行道路平整安全	1124	65.08
步行道没有障碍物，社区严禁非法占用步行道	728	42.15
步行道路、台阶、活动场地等设施设置了照明设备	977	56.57
其　他	319	18.47

（数据来源：调查问卷整理）

第二，社区无障碍设施需通盘改造。在被问及"社区公共基础无障碍设施建设过程中，您觉得最迫切需要改善的是什么"时，45.74%的调查对象表示社区服务设施是最迫切需要改善的，所占比重最高，如图4-6所示。这表明许多社区为老服务设施建设不完善，我们在实地调研的过程中也发现社区普遍存在儿童服务设施较多、适老设施较少的现象。

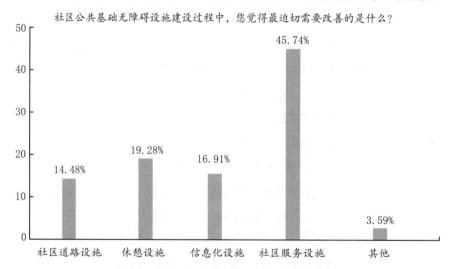

图4-6　社区基础无障碍设施改造问题情况

（数据来源：调查问卷整理）

第三，无障碍公共厕所建设需要跟进。习近平总书记曾就"厕所革命"发出重要指示，要求我们从小处着眼，从实处着手，采取有针对性措施，一件接着一件抓，抓一件成一件，积小胜为大胜，切实做好厕所建设和改造工作。在这场运动中，很多社区公共厕所实现了从无到有的突破，但老年人用起来方不方便，很多社区在建设、改造时没有做精细化考虑。在调研中，我们曾考察了社区里的公共厕所，发现一半以上的厕所没有采用适老性强的防滑地板，三分之一左右的被考察社区公共厕所没有老年人或者残疾人专用设施。经问卷调查反馈，在调查对象中，明确表示社区老年人集中活动场所附近设有公共厕所的占总样本的42.91%，如图4-7所示，并未达到一半；明确表示所在社区配置有紧急呼叫设备的无障碍公共厕所的占总样本的15.58%，如图4-8所示。从这两张图可知，许多社区尚未建设公共厕所，且部分社区公共厕所设备配置并未健全，公厕建设应考虑社区老年群体的实际需求。

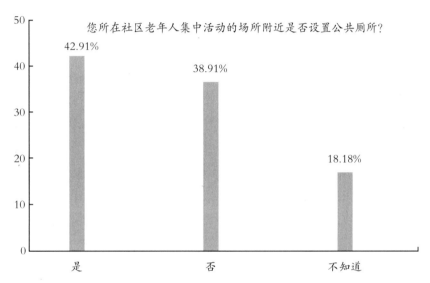

图4-7　社区老年人集中活动的场所附近公共厕所的配置情况

（数据来源：调查问卷整理）

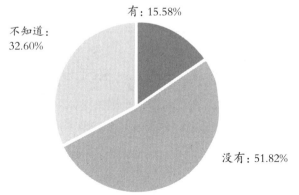

图4-8　社区公共厕所设备配置情况

（数据来源：调查问卷整理）

结合实地走访，我们对造成户外空间设施及环境适老性差的主要原因进行了分析，主要有以下几点：第一，很多被访问社区的适老户外设施建设，从党的十八大后才实现了从无到有的突破，因此，还没有从思想观念上想到如何在"有"的基础上进一步为各个社区居民群体进行精细化服务，从而做到"好"；第二，也有一些社区想到了社区居民各个群体对户外硬件设施需求的差异性，但苦于没有足够的经费支持，因此想法很好，但无法实现；第三，社区本身资源有限，要修建或获得适老户外设施，要么靠企业或者个人捐赠，要么就只能向上一级指导部门申请建设经费，但是有名额限制，而且通常会择优资助，所以申请报建也未必能成功，那些资源好的社区和资源差的社区在设施建设改造占有资源方面形成了马太效应。

（2）社区公共环境建设与老年人的期待存在差距

第一，社区绿化美化优化空间大。在被问及"您觉得您所在的社区绿化、美化情况如何"时，调查对象中认为所在社区绿化、美化情况一般的占比为63.75%；认为绿化、美化情况不好的占比为11.64%，如图4-9所示。调查结果在一定程度上表明了大多数社区居民对社区绿化美化环境不甚满意，社区的绿化美化建设仍存在不足，有很大的建设空间，需要继续优化。

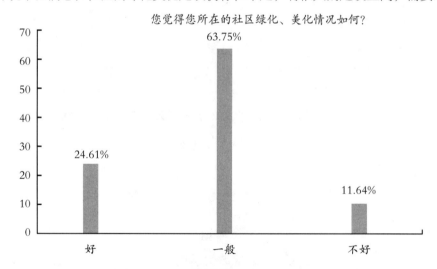

图4-9 社区绿化美化情况调查

（数据来源：调查问卷整理）

第二，社区存在环境污染情况。在被问及有关社区空气污染的问题时，有50.03%的调查对象认为社区污水池、垃圾桶（房）等有恶臭气味；有33.76%的调查对象认为社区抽油烟机排放污染严重；有32.48%的调查对象认为房屋内、外装修气味严重；有28.66%的调查对象认为燃烧炉排放废气严重；有23.97%的被访者认为社区汽车尾气污染严重，如图4-10所示。

我们还对社区垃圾清理情况进行了调查，在1727个调查对象中，有1317人认为社区能够做到垃圾清运及时，占总样本的76.26%；有470人认为社区无卫生死角，占总样本的27.21%；有820人认为社区垃圾无暴露积存，占总样本的47.48%；有534人认为社区能够帮助老年人学习垃圾分类知识，鼓励和协助老年人实施垃圾分类回收，占总样本的30.92%；有228人选择"其他"，占总样本的13.20%。（见表4-5）总体来说，大部分社区能够及时清运垃圾，但还是存在有卫生死角、暴露积存垃圾的现象。

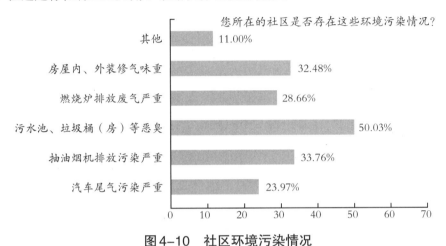

图4-10 社区环境污染情况

（数据来源：调查问卷整理）

表4-5 社区垃圾清理情况调查表

内 容	人 数	百分比（%）
垃圾清运及时	1317	76.26
无卫生死角	470	27.21
垃圾无暴露积存	820	47.48
帮助老年人学习垃圾分类知识，鼓励和协助老年人实施垃圾分类回收	534	30.92
其 他	228	13.20

（数据来源：调查问卷整理）

我们也对社区工作人员进行了采访，了解到当前他们存在"知道有问题但不知道找谁解决"的情况，这种情况产生的原因如下：一是责任主体不明确，相互推诿，落实不到人；二是管理体制存在问题，对清洁人员的管理松散，导致工作效率低、工作质量低。

物质环境是老年友好型社区建设的重要载体和支撑，也是健康老化、积极老化和老年人社会参与达到老有所为、老有所乐的必需条件，因此它是事关老年友好型社区建设的硬性条件。通过对上述问题的分析，我们可以明显看出制约老年友好型社区建设物质环境改善的原因有以下几点：

一是社区适老性观念认知不到位。社区对物质环境建设的重视程度不够，观念滞后，还没有认识到其对老年友好型社区建设的重要性。二是社区适老性事务治理能力不足。社区建设责任主体不明确，责任落实不到位，不能及时发现问题、解决问题；社区治理不够精细化，很多问题还没考虑到；管理体制存在问题，对工作人员的日常管理不够规范。三是经费不足，有心改变而囊中羞涩。由于没有充足的建设资金，导致相关的适老化设施建设无法开展，削弱和阻碍老年友好型社区建设的力度和进度。四是没有通盘考虑，缺乏科学规划。不少社区目前还处在"见子打子"的自发阶段，未能在社区整体评估的基础上进行科学的统筹规划，没有目标性和规划性。

（二）好不好老人说了算：服务环境是软性约束

如果将适老性物质环境理解为老年友好型社区所必需的"硬件"，那么，"服务"就是其"软件"。在政策既定的情况下，老年友好型社区建设既离不开"硬件"建设，也离不开"软件"建设。

老年友好型社区的服务包括多方面内容，按照老年友好型社区建设试行标准，我们可以将其分成7类：居住环境服务；出行服务；社区便捷性保障服务；社会参与性服务；人文关怀教育类服务；科技助老智慧创新服务；管理保障服务。

（1）居住环境服务具体包括7个方面的内容：水电气设施安检、排查、维修服务；防灾害和紧急救援服务；安全知识讲座服务；居住设施适老化设计、改造服务；社区生态环境绿化美化服务；卫生打扫、垃圾及时清运服务；垃圾分类知识宣讲服务。

（2）出行服务具体包括5个方面的内容：公共设施无障碍增改、普及改造服务；道路和建筑标识服务；无障碍公共厕所设置及紧急呼叫服务；公共设施管理和日常化维修服务；社区道路系统秩序管理服务。

（3）社区便捷性保障服务包括14个方面的内容：家庭医生签约服务；家庭病床、巡诊等上门医疗服务；安宁疗护服务；老人长期照护服务；健康知识宣讲普及服务；老龄化理念涵养培育服务；生活照料、紧急救援、精神慰藉等服务；老年用品使用指导服务；社区探访服务；助行、助餐、助浴、康复护理等多样化服务；心理疏导、情绪抚慰、社会融入等专业社会工作服务；防诈骗知识与技巧宣讲服务；法律援助服务；居家社区养老服务。

（4）社会参与性服务具体包括10个方面的内容：老年人参与社区治理的引导宣传服务；涉老意见和建议征集；基层老年社会组织培育与提质服务；老年人力资源开发服务；老年人自我价值实现的支持性服务；培育社区老年文体组织、支持社区老年文体活动的服务；老年社区融入方面的服务；专业化社工服务；老年人志愿活动；老年教学服务。

（5）人文关怀教育类服务包括8个方面的内容：积极老龄观教育引导服务；典型人物事迹宣传；组织社区敬老爱老助老活动；强化子女尊老敬老意识的相关服务；组织开展家庭养老照护培训及服务；代际或者邻里文化融合和认同教育服务；人口老龄化国情教育和老年友好型社区理念宣传服务；老年人权益保障法律法规宣讲服务。

（6）科技助老智慧创新服务包括4个方面的内容：健康养老终端设备的适老化设计与开发服务；居家照护、医疗诊断、健康管理的远程服务及技术辅助服务；智能产品和技术学习的常态化服务；保留必要传统服务。

（7）管理保障服务包括4个方面的内容：负责老龄工作的社区工作者专人服务；财力投入服务；建立老年友好型社区长效机制建设服务；统筹服务。

上述七个维度共计52个具体方面的服务，做得好不好，老年人最有发言权。结合调研情况，被调研的62个社区，具体服务情况如下。

1.部分社区居住环境服务没有实现常态化

（1）大部分社区都有社区层面的水电气设施安检、排查、维修服务，但服务质量有待提高。在针对社区安全检查服务的调查中，60.74%的调查对象认为社区工作人员虽然对独居、空巢等特殊老年人的家庭用水、电等设施进行了安全检查或入户排查，但次数非常少，频率有待提高，如图4-11所示。造成这种情况的原因如下：一是社区安检人员的数量有限，人员少、工作量大，导致排查周期较长；二是社区安检人员的服务意识不够、责任心不强，存在"不出事就不查"的消极心态。

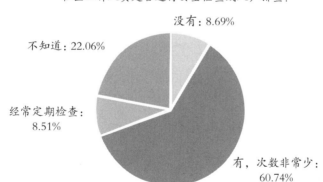

社区工作人员是否进行安全检查或入户排查？

没有：8.69%

不知道：22.06%

经常定期检查：8.51%

有，次数非常少：60.74%

图4-11　社区工作人员安全检查或入户排查情况

（数据来源：调查问卷整理）

（2）部分老旧社区没有居住设施适老化设计、改造服务。在调研过程中，访谈对象提到住房没有电梯、楼梯间比较窄、有些楼梯还是白炽灯、晚上不够亮、经常上下楼梯很不方便等问题。这些社区住房设计与设施的配置很少考虑到老年人的居住要求，只能说满足了老年人的基本生存需要。大部分老旧社区都没有为老年人提供居住设施适老化设计与改造服务，同时，访谈对象也强调"这些楼房都比较老旧，现在是很难进行升级改造了，房子都还好，年轻人住着也还行，没有到为了部分老年人必须重建的时候"。

（3）社区生态环境绿化美化服务还可以做得更好。在实地调查的过程中，我们发现被调研社区的植被覆盖率普遍较高，但是有许多社区内的树木、草地缺乏修剪，绿化养护服务有待提升。另外，我们也观察到不少社区里的灯杆、电线杆、墙面等公共区域被张贴广告、乱涂乱画，却没有人管理、清理，使社区显得比较脏乱，影响其整体美观。同时，在调研过程中，我们也了解到大多数被访者对社区的绿化美化不甚满意。总体来说，社区绿化美化建设仍存在不足，绿化美化服务还可以做得更好。

（4）垃圾清运服务比较及时，但卫生打扫监管服务有待加强，垃圾分类知识宣讲服务不到位。在实地调研时，我们观察到社区没有大量垃圾堆积的现象，说明社区垃圾清运服务比较及时，但是仍发现不少社区的道路边、花坛内、墙角等较为隐蔽的角落里有瓜子皮、烟头、纸片等碎小垃圾暴露积存的现象，存在卫生死角，社区需加大对卫生打扫的监管力度。在访谈过程中，大多数被访者表示不知道如何进行垃圾分类，社区也没有为老年人提供垃圾分类知识的宣讲服务，不少社区甚至还没有实施垃圾分类，这表明社区垃圾分类知识宣讲服务不到位、重视度不够。

2.出行服务总体情况良好

（1）大部分社区适老化公共设施的普及服务取得成效。我们在实地调研的过程中发现不少被调研社区都配置了电梯，方便老年人外出活动；大部分社区的步行道路干净平整，也有相当数量的社区设置了无障碍通道，甚至有部分社区在道路附近设置了紧急呼叫器，充分保障老年人的出行安全；大多数社区都有活动广场，并配有健身器材、公共座椅，为老年人开展户外活动提供便利条件。这表明大部分社区适老化公共设施的普及服务取得了一定成效，有利于实现老年人安全便捷出行。

（2）几乎所有城镇社区道路和建筑标识的服务都很到位。我们在各个社区的实地调研中发现，大部分城镇社区的道路和建筑标识都十分完善，基本都有双向车道标识，方便社区的道路通行，也有指路标牌，便于外来访者认路，甚至稍大一些的社区还设有红绿灯，保障了居民的出行安全。社区的建筑标识也具有专业性，而不是随便附上的标牌。若遇上社区部分建筑施工，提示标识也会贴在十分醒目的地方，方便提醒社区居民注意安全。并且考虑到了老年群体视力衰弱的问题，这些标识都设置在醒目的位置，道路和建筑标识都比较大，极大地保障了老年人的出行安全便捷，服务到位。

（3）社区道路系统秩序管理服务良好。在被问及社区道路系统设置的情况时，50.61%的被调查者表示社区设计了人车分流；59.06%的被调查者表示社区采用了低噪或降噪路面并设置限速行驶标识和路面减速设施；68.44%的被调查者认为社区可以保证救护车辆能停靠在建筑的主要出入口，占比均超过了一半，表明当前社区道路系统秩序管理服务情况良好，见表4-6。

表 4-6 社区道路系统设置情况

内 容	人 数	百分比（％）
设计人车分流	874	50.61
采用低噪或降噪路面并设置限速行驶标识和路面减速设施	1020	59.06
保证救护车辆能停靠在建筑的主要出入口	1182	68.44
其 他	310	17.95

（数据来源：调查问卷整理）

3.社区便捷性保障服务处于起步阶段，水平较低

（1）家庭医生知晓率低，利老医疗服务有待推广。

在被问及"家里的老人是否有家庭医生签约服务"时，50.61%的被访者表示没有这项服务，22.87%的被访者表示不知道这项服务。调查数据显示，有近四分之三的调研对象表示没有甚至不知道该项服务，我们在与调查对象的访谈中得知，调查对象表示不知道这项服务的主要缘由是社区没有提供和宣传这项服务。这表明当前社区对家庭医生的宣传力度和推广普及力度不足，如图4-12所示。

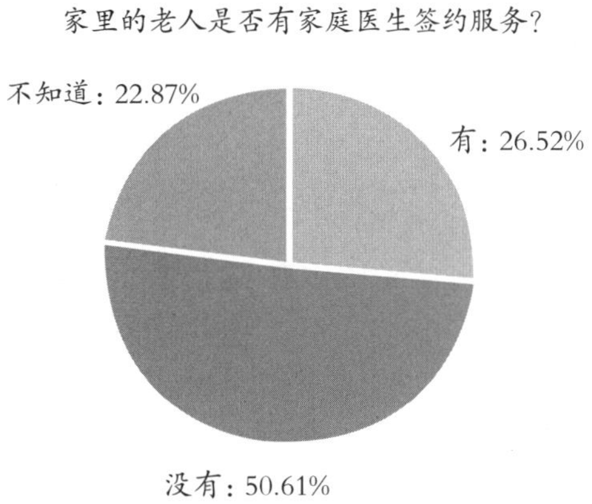

家里的老人是否有家庭医生签约服务？

不知道：22.87%　有：26.52%　没有：50.61%

图4-12 家里的老人与家庭医生签约服务情况

（数据来源：调查问卷整理）

（2）社区医疗机构的服务内容有待增加，服务质量有待提高。

通过统计调研对象所在社区的医疗机构为老年朋友提供服务情况的数据，可以得知，当前许多社区医疗服务机构并不健全，为老年朋友提供服务的种类和次数较少，具体见表4-7。

表 4-7　社区医疗机构为老年朋友提供的服务

服务内容	人　数	百分比（%）
定期为老年人提供生活方式和健康状况评估、体格检查、辅助检查和健康指导等健康管理服务	1082	62.65
为高龄、失能、行动不便等居家老年人提供家庭病床、巡诊等上门医疗服务	728	42.15
增加了康复、护理床位，开设了安宁疗护病区或床位	457	26.46
医养结合，为失能老年人提供长期照护服务	354	20.50
其　他	562	32.54

（数据来源：调查问卷整理）

只有42.15%的被访者表示社区能为行动不便的老人提供上门医疗服务，只有26.46%的被访者表示社区为老人开设了安宁疗护病区，仅有20.50%的被访者表示社区能为失能老年人提供长期照护服务。（见表4-7）社区医疗养老服务机构建设的缺失、不完善会直接影响社区的适老程度。

（3）对老年人安全教育服务急需加强。

随着社会的发展、科技的进步，再结合对老年群体弱势的充分认识，当前社区急需开展对老年人生命、人身、财产安全的教育服务。

第一，安全教育的开展次数有待提高。我们根据对"社区有没有定期开展老年人安全知识讲座"问题的调查发现，有52.46%的调查对象表示没有开展过老年人安全知识讲座；19.46%的调查对象表示一个季度开展一次；14.65%的调查对象表示半年开展一次；13.43%的调查对象表示一年或一年以上开展一次，如图4-13所示。调查结果表明，大部分社区没有开展安全知识讲座，有些社区即使开展了，频率也相对较低，社区对老人的安全教育服务严重不足，重视程度不够，急需改善。

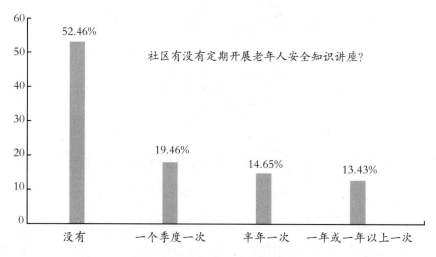

图4-13　社区定期开展老年人安全知识讲座情况

（数据来源：调查问卷整理）

第二，安全教育有待推广。我们对社区为老年人开展的服务内容进行了调查，调查结果显示，只有32.54%的调查对象表示社区开展了老年人防诈骗知识与技巧的宣传教育工作，20.50%的调查对象表示社区设立了为老年人提供法律援助的公共法律服务室（见表4-8），所占比例均比较低，表明当前社区开展老年人安全教育活动较少，有待推广。

表4-8　社区为老年人所做的事情

服务内容	人　数	百分比（%）
采取健康宣传栏、健康讲座等多种形式，普及健康老龄化理念和健康科学知识	1062	61.49
建立社区养老服务机构或设施，为老年人提供生活照料、助餐助行、紧急救援、精神慰藉等服务	728	42.15
建立居家社区探访制度，定期探访独居、空巢、失能（含失智）、重残、计划生育特殊家庭等特殊困难老年人	645	37.35
以多种形式为社区老年人提供助餐、助浴、助洁、代购、康复护理、紧急救援、康复辅具租赁等多样化服务	478	27.68
按照社区老年人需求，持续开展心理疏导、情绪抚慰、关系调适、社会融入等专业社会工作服务	520	30.11
开展老年人防诈骗知识与技巧宣传教育工作，提高老年人识别和防范非法集资、电信诈骗等非法侵害的能力	562	32.54
社区设立公共法律服务室，为老年人提供法律援助等公共法律服务，帮助解决涉及老年人的纠纷及相关事务	354	20.50
发展居家社区养老服务	375	21.71
支持社区居民为有需求的老年人提供非专业性的养老服务	292	16.91
其　他	375	21.71

（数据来源：调查问卷整理）

4.社会参与性服务水平难以满足老年人期待

老年人社会参与度的提高有利于老年人自我价值的实现，尤其是"老漂族""空巢老人""失独老人"等缺乏陪伴的老年群体，积极引导他们参与社会活动，更好地融入社区，有利于充分发挥老年余热，提高其生活质量。我们通过问卷调查和无结构访谈的方式，对当前社区在"引导和组织老年人参与社区治理和服务"方面的情况进行调研，调查结果见表4-9。

表 4-9　在引导和组织老年人参与社区治理和服务方面存在的情况

内　容	人　数	百分比（%）
居民代表会议有老年人代表参加	665	38.51
社区开展与老年人相关的服务项目或活动时，充分听取老年人的意见和建议	687	39.78
建立老年协会等基层老年社会组织，实行老年人自我管理、自我服务、自我教育、自我监督	707	40.94
拓展老年人力资源开发，支持老年人广泛参与社区公益慈善、教科文卫等事业	542	31.38
鼓励老年人自愿量力、依法依规参与经济社会发展，改善自身生活，实现自我价值	583	33.76
成立社区老年文体团队，方便老年人就近参加各类文化体育活动	542	31.38
为老年人和老年社会组织参与社区活动提供便利条件，依托社区综合服务设施因地制宜改造或修建综合性活动场所，满足老年人社会参与和文化生活需要	1031	59.70
定期了解老年人对社区参与的需求及意见，促进老年人广泛参与社区活动，融入社区	520	30.11
引入社会工作专业服务，引导和支持老年人广泛开展自助、互助和志愿活动	292	16.91
设立老年教育学习点，积极开展老年人思想道德、科学普及、休闲娱乐、健康知识等方面的教育	478	27.68
充分利用社区内各种资源，因地制宜，方便老年人以各种形式经常性参与教育活动	478	27.68
其　他	354	20.50

（数据来源：调查问卷整理）

由表4-9可知，当前大部分社区在引导和组织老年人社会参与方面还存在许多问题，主要体现在以下几个方面：

（1）老年人社会参与程度低。

第一，未能充分听取老年人的意见，无法了解老年人的真实需求。在1727个调查对象中，只有687人回答"社区开展与老年人相关的服务项目或活动时，充分听取老年人的意见和建议"，占总样本的39.78%；仅有520人回答"定期了解老年人对社区参与的需求及意见，促进老年人广泛参与社区活动，融入社区"，占总样本的30.11%，所占比例均不高。

第二，老年人参与社区管理的引导力度不够，忽视老年人的监管作用。在调查中，只有665人回答"居民代表会议有老年人代表参加"，占总样本的38.51%，说明老年人较少参与到社区管理中。

调查结果显示，当前社区存在不能充分听取老年人的意见和建议、忽视老年人的真实需求、没有积极引导老年人参与社区管理等问题，导致老年人社会参与程度低，阻碍以老人为本的老年友好型社区的建设。

（2）老年人力资源开发不充分。

调查结果显示，在1727个调查对象中，有707人认为社区能建立基层老年社会组织，实行老年人自我管理，占总样本的40.94%；有542人认为社区能够拓展老年人力资源开发，积极引导老人参与社区公益慈善、教科文卫等事业，占总样本的31.38%；有583人认为社区能够鼓励老年人自愿量力、依法依规参与经济社会发展，占总样本的33.76%；有292人认为社区能够引导和支持老年人开展自助、互助等活动，占总样本的16.91%。所占比例都比较低，甚至有的未达到三分之一，说明社区对老年人力资源的开发较为不充分，无法发挥老年人的协同力量，社区在拓展老年人力资源开发方面的工作急需加强。

（3）老人精神文化生活需求未能满足。

我们对社区老年人精神文化生活的状况进行了调查，结果表示社区"成立社区老年文体团队，方便老人就近参加各类文化体育活动"的有542人，占总样本的31.38%；表示社区"设立老年教育学习点"的有478人，占总样本的27.68%；有478人表示社区能充分利用社区内各种资源，引导老年人经常性参与各种教育活动，占总样本的27.68%。各项所占比例均未达到三分之一。经访谈得知，造成数据低的原因主要有两个方面：一是社区在老年友好型社区建设过程中忽视了老年人的精神生活，为老年人提供的相关服务资源较少；二是社区工作人员与老年人互动较少，社区也缺乏相关活动的正式宣传，即使为老年人提供了社区活动，老年人也没有接到通知，很多设施形同虚设。

造成老年人社会参与度低的原因主要有三个方面：一是社区和社会没有真正认识、重视老年群体的价值创造，普遍存在"人老不中用"的认知；二是社区引导不到位，缺乏对活动宣传、活动参与、社团建设等的积极引导，没有充分调动老年人参与积极性；三是活动主体的参与性不强，包括自身原因和家庭原因。在调查过程中，有部分老人因为要服务家庭（如照顾子孙等），无法从生活琐事中抽身，导致没有时间参加活动，还有一部分老人表示不愿参加社会集体活动，对于这些老年人，需要通过社区的力量与老人及其家庭对接，激励他们参与社会，以便提高其生活质量、丰富其精神世界。

5.人文关怀教育类服务缺乏

我们针对社区孝亲敬老活动的开展情况进行了调查，并得出调查数据（见表4-10），数据表明被调查者对自己所在社区孝亲敬老氛围的评价不高。

（1）积极老龄观教育引导服务缺乏。

在调查对象中，表示社区开展了对老年人的积极老龄观教育的有874人，占比50.61%，但还有将近一半的人表示社区没有开展过此类教育活动；只有750人表示社区能积极看待老年人，仅占样本总量的43.43%；只有333人表示社区开展了人口老龄化国情教育和老年友好型社区理念宣传活动，占总样本的19.28%。调查数据显示当前社区缺乏积极引导培育老龄观的教育服务。

表4-10　社区开展营造孝亲敬老活动

内　　容	人　数	百分比（%）
对社区老年人开展积极老龄观教育，引导老年人树立终身发展理念，增强老年人的自尊、自强、自爱意识	874	50.61
倡导全体社区居民树立积极老龄观，积极看待老龄社会，积极看待老年人和老年生活，积极做好全生命周期养老准备	750	43.43
每年开展"活力老人"等践行积极老龄观先进典型人物事迹宣传活动	520	30.11
组织多种形式的社区敬老爱老助老主题教育活动	645	37.35
强化子女的尊老敬老意识，对不履行赡养义务的子女，社区对其开展批评教育	542	31.38
开展家庭养老照护培训及服务，提高失能老年人照护者的护理知识和技能，履行好家庭照料职责	395	22.87
开展有利于促进代际互动、邻里互助的社区活动	479	27.74
在社区开展人口老龄化国情教育和老年友好型社区理念宣传活动	333	19.28
增强老年人依法保护自身合法权益以及社区居民依法保护老年人合法权益的意识	270	15.63
其　他	375	21.71

（数据来源：调查问卷整理）

（2）社区敬老助老活动的开展不够。

调查结果显示，在1727个调查对象中，只有645人表示社区开展了相关的敬老爱老助老主题教育活动，占总样本的37.35%，说明还有近三分之二的人表示社区没有开展过此类活动；

接近八成的人认为社区在"开展家庭养老照护培训及服务，提高失能老年人照护者的护理知识和技能"方面缺少专业培训活动，只有395人表示接受过类似培训服务，占总样本的22.87%；同样，只有270人表示参加过社区在"增强老年人依法保护自身合法权益以及社区居民依法保护老年人合法权益的意识"方面的培训活动，占总样本的15.63%。上述调查结果表明，社区在敬老助老方面的活动开展不足，普及度不够，没有得到大多数社区居民的认可。

人文关怀教育类服务缺乏问题的原因可以归结为两个方面：一是社区的理念宣传力度不够，包括对积极老龄化理念和敬老爱老理念的宣传不足，导致社区对老年群体的关爱度不高，难以形成浓厚的孝亲敬老氛围；二是社区对助老爱老活动的重视程度不够，缺乏专业培训人员，导致相关活动无法开展或开展成效不高。

6.科技助老智慧创新服务存在短板

科技助老包括很多方面，目前来看，最为关键的是健康和照护方面。调查数据显示，所调研的社区在科技助老智慧创新方面所取得的成效均不太理想，主要体现在以下几个方面：

（1）科技助老主动性较差。

在被问及"您所在的社区有没有开展帮助老年人学习电脑、智能手机等智能产品和智能技术的社区活动"时，明确回答"有"的只有249人，仅占总样本的14.42%；明确回答"没有"的有814人，占总样本的47.13%；回答"不知道"的有664人，占总样本的38.45%，如图4-14所示。这表明社区主动帮助老年人学习使用电子产品的情况很少，社区科技助老的主动性较差。经访谈得知，造成这种现象主要有以下三个方面的原因：一是社区工作人员数量有限，教会社区老年人使用智能产品的工作量大，一时难以全面开展；二是老年人自身条件限制，很多老年人视力退化且不识字，对智能产品的学习接受能力有限；三是老年人不信任社区工作人员，与社区工作者接触少，还是更倾向于依赖子女进行学习。

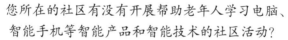

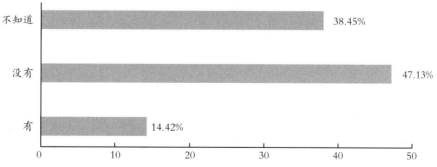

图4-14 社区开展帮助老年人学习电脑、智能手机等情况

（数据来源：调查问卷整理）

（2）智慧健康养老服务水平低。

我们针对社区有无鼓励依托智慧养老平台和相关智能设备为老年人提供服务的情况进行调研，其中有44.35%的人回答"不知道"；有32.72%的人回答"没有"；只有22.93%的人回答"有"，如图4-15所示。这表明当前大部分社区的智慧健康养老服务都处在较低的水平，没有将科技的优势充分运用到养老服务的建设上来。提高社区智慧健康养老服务水平，为老人提供高效、便捷的养老服务，这应是社区今后重点推进的工作。

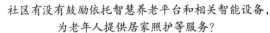

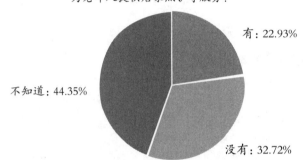

图4-15　社区依托智慧养老平台为老年人提供居家照护等服务

（数据来源：调查问卷整理）

（3）社区对智能技术使用困难的老年人的关注度低。

我们对"您所在的社区在办事过程中是否充分考虑到有老年人不会使用电脑、智能手机等情况"问题展开了调查。调查结果显示：在1727个调查对象中，只有479人明确表示所在社区办事过程中充分考虑到老年人不会使用电脑、智能手机等智能产品和智能技术的情况，仅占总样本的27.74%；表示所在社区办事过程中没有充分考虑到老年人不会使用电脑、智能手机等智能产品和智能技术情况的有520人，占总样本的30.11%；还有728人表示"不知道"相关情况，没有关注过这方面的服务，平时与社区工作人员接触也不多，占总样本的42.15%，如图4-16所示。这表明大部分社区缺乏对使用智能技术困难的老年人的关注，在办事过程中没有充分考虑到老年人的具体情况。

由图4-16可知，对于涉及"科技助老智慧创新"的三个题目，绝大部分都表示"没有"和"不知道"相关服务。在涉及互联网方面的问题，老年人总是被看作弱势群体，科技助老智慧服务缺失，拉大了"数字鸿沟"。造成这种情况的原因有以下几点：对于老年人自身来说，一方面，老年人群随着年龄的增加，学习能力、理解能力和心理承受能力都逐渐下降，而互联网更新快、范围广，大多都是新兴事物，他们会因此恐惧和排斥社区生活中的高科技产品；另一方面，老年人由于自身对信息不敏感，传统观念根深蒂固，更倾向于接受纸质图书、报纸、广播、电视等信息媒介，不愿意甚至不会使用公共文化数字平台等产品。对于社区来说，社区对科技助老的重视程度较低，许多社区工作人员缺乏耐心，没有积极引导老年人学习使用电子产品；还有一些社区的工作人员数量过少，"心有余而力不足"，很难大规模地开展帮助老年人学习电子产品的服务活动，使得为老服务的科技化水平难以提高。

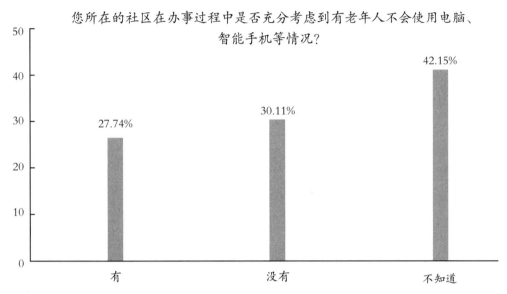

图4-16　社区老年人使用电脑、智能手机等情况

（数据来源：调查问卷整理）

7.管理保障服务不到位

社区缺乏负责老龄工作的专业社区工作者。社区需要专业的社区工作者来专门负责老龄工作，以便能够更好地开展老年友好型社区建设工作。我们针对此问题进行了调查，在被问及"社区有没有人专门负责老龄工作"时，有958人表示没有，占总样本的55.47%；有393人表示只有1人专门负责老龄工作，占总样本的22.76%；只有376人表示有2人及以上工作人员专门负责老龄工作，占总样本的21.77%，如图4-17所示。调查结果表明，当前，广西城镇社区老龄工作者缺乏，无法正常提供专业的建设指导，制约着老年友好型社区的建设。专业社区工作者的缺失表明当前社区管理保障服务不到位。

服务环境是影响老年友好型社区建设的软性条件，包含社区老年人为满足物质需要、精神需要和自我实现需要过程中所要求的各种"软件"环境。对社区服务环境状况的调研结果显示，当前广西大部分社区为老年群体提供的服务不到位，分析其原因，首先是社区方面：一是重视程度不高、宣传力度不强，导致信息闭塞、活动无法开展；二是对老人的现实服务需求认识不充分，没有切实考虑到老人情况，缺乏精准服务；三是社区工作者专业素养有限，人员不足，导致服务的质量不高。其次是老年人自身方面：一是对社区工作者的不信任，不接受其提供的服务、不理会其传递的信息；二是对新服务模式接受程度低，更偏向于传统的服务模式。因此，如何提高社区的为老服务、形成良好的服务环境，是当前推进老年友好型社区建设所面临的最大问题。

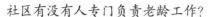

社区有没有人专门负责老龄工作？

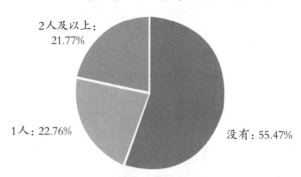

2人及以上：21.77%

1人：22.76%

没有：55.47%

图4-17　社区专门负责老龄工作情况

（数据来源：调查问卷整理）

（三）不仅心动更要行动：政策执行环境是弹性变量

在老年友好型社区建设过程中，物质环境是"硬件"，服务环境是"软件"，二者必须在公共政策环境中才能充分发挥作用，因此，良好的政策执行环境既是二者运行、完善的前提，也是将二者结合起来发挥作用的关键因素。如果没有良好的政策执行环境，那么无论物质环境多强、服务环境多好，老年友好型社区的建设都将失去方向。在我们国家，老年友好型社区的建设是积极应对人口老龄化的重要战略措施，也是新时期满足老年人对美好生活期待的重要手段。

如何在既定的时间内对标试行标准完成老年友好型社区的创建工作，这就涉及政府、社区和社会组织等对公共政策的执行情况。

1.政策理解有偏差，宣传不到位，使政策执行存在不确定的弹性

在实地访谈中，我们了解到以下情况：（1）社区在接到创建通知后，对政策的解读存在偏差，为什么要建设老年友好型社区，不少社区没有上升到积极应对老龄化的高度，对于如何创建除了完成卫健委所给的试行标准外也没有太多对策；（2）不少社区存在以完成创建任务为目标的情况，甚至个别社区奉行"上有政策下有对策"的观点，存在着蒙混过关消极对待的情况；（3）政策宣传不到位，广大社区居民，尤其是老年人对创建老年友好型社区缺乏了解也没有热情。在调查过程中，我们对老年友好型社区的知晓情况进行了调研，调查结果显示：在1727位调查对象中，有992人表示没有听说过，占样本总量的57.44%；有527人

表示听说过，但不理解，占总样本的30.52%；只有208人表示听说过，并有一定的了解，仅占总样本的12.04%，如图4-18所示。调查结果表明当前虽已开展了老年友好型社区的宣传动员工作，但宣传力度和成效较差，很多人还存在认识不到位的情况，甚至有部分社区的工作人员表示尚未接收到相关文件，不了解相关情况。

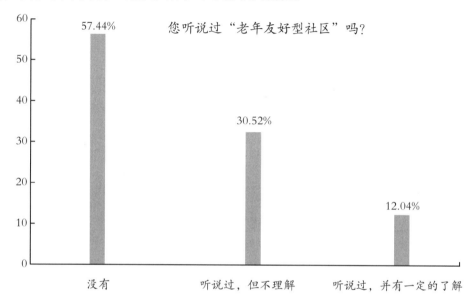

图4-18 老年友好型社区知道情况

（数据来源：调查问卷整理）

2.建设资金短缺让政策执行有困难

目前，只有入围示范性项目的社区才能够获得老年友好型社区建设专项资金的支持，多数想创建的社区，因为没有建设资金，政策推进比较困难。

我们针对"社区是否有逐步增加为老服务设施的财力投入，扶持社区各类为老服务设施的建设和正常运营"的情况进行了调查，结果显示：有395人回答"有"，占总样本的22.87%；有479人回答"没有"，占总样本的27.74%；有853人回答"不知道"，占总样本的49.39%，如图4-19所示。这表明当前社区设施建设的资金投入不够，影响政策的执行力度，同时也反映了社区对为老服务设施的建设及其正常运营扶持力度不足，阻碍老年友好型社区建设的发展。

综上所述，广西城镇老年友好型社区的建设执行力度和宣传力度都比较弱，执行力度不够、执行进度缓慢。究其原因可以概括为：一是国家发布老年友好型社区建设的指导性政策文件的时间较晚，社区对于新政策的理解程度不高；二是当前对老年友好型社区的建设都还处于探索阶段，没有现成的样板可供参考，导致建设效率较低；三是相关部门尚未指示社区的建设工作，与指导政策相匹配的专业人员尚在培养学习中，政策落实未到位；

四是建设资金短缺，导致相关适老设施建设无法开展，影响老年友好型社区的建设进度；五是政策的执行要考虑诸多因素，要分析不同类型社区的特点，并同社区的实际情况相结合，工作量巨大。

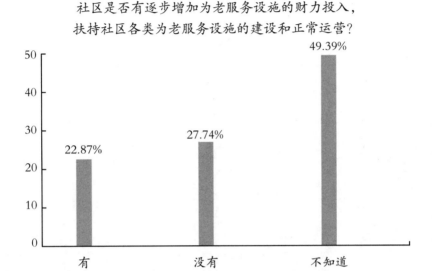

图4-19　社区为老服务设施的财力投入的情况

（数据来源：调查问卷整理）

（四）小结

本节主要是通过对调查资料进行分析、整合，深入了解当前广西62个城镇社区的老年友好型社区建设情况，分析它们在老年友好型社区建设中面临的问题及其成因。在此过程中，我们发现，广西城镇老年友好型社区建设主要面临着三个方面的问题：其一，住宅适老化建设程度低，户外空间设施及环境适老性差，物质环境有待改善；其二，社会参与性服务水平低，科技助老智慧创新服务存在短板，管理保障服务不到位，服务环境亟待重塑；其三，政策理解有偏差，执行弹性大，建设资金短缺，政策执行环境需要优化。这些问题更加清晰地展现了广西城镇老年友好型社区建设的基本情况。

五、对症下药：广西城镇老年友好型社区建设的 PSP 环境建设对策分析

我们对广西62个城镇社区老年友好型社区建设中的问题和成因进行了分析，发现广西城镇老年友好型社区建设的问题集中体现在物质环境、服务环境和政策执行环境三个方面。根据实际调研情况，我们发现只有具备良好的物质环境、如意的服务环境和优良的

政策执行环境，老年友好型社区的建设才能有所保障。因此，广西城镇老年友好型社区的建设与管理应该从加强建设物质环境（Physical Environment）、改善服务环境（Service Environment）、优化政策执行环境（Policy Implementation Environment）这三个方面入手，简称PSP环境建设对策。

（一）物质环境建设：科学规划＋财政投入

1.先谋后动，做好规划引领

先谋后动，规划先行，是建设高质量老年友好型社区的重要保障。一是要认真学习掌握国家关于老年友好型社区建设的政策和标准，明确建设目标。社区工作人员要对照国家标准，对社区的老年友好建设情况进行调研，防止盲目进行建设，否则既浪费资源又会影响社区建设效率和成效。二是要明晰思路，抓住工作重点。每个社区本身的资源不同，建设重点也应有所不同。以生理友好型社区为例，此类社区本身的物质（硬件）环境比较好，对其进行建设时，就可以把重点放在服务（软件）环境、政策执行环境上，物质环境的建设则可以相对放缓。各社区在建设老年友好型社区时，必须要明确工作重点，抓短板，统筹资金安排，高效推动建设。三是要找方法，推落实。规划不仅仅包括建设任务的规划，还包括各阶段建设方法、方案的规划，社区工作人员应根据建设目标，制定详细的可行性实施方案，避免建设过程中出现执行偏差。

2.多元参与，拓宽融资渠道

当前，我国老年友好型社区建设资金绝大部分来源于政府财政，渠道单一，缺乏广泛的协同参与，多元供给体系尚不完善，制约了老年友好型社区建设的顺利开展和深入推进。因此，老年友好型社区建设需要拓宽融资渠道，鼓励社会资本进入，进行多元化的资金筹措，形成长效运行机制和可持续的资金来源。一方面，社区中的为老服务设施公益性、福利性程度比较高，大部分设施基本上都是免费为老年人开放的。因此，投资这些建设对企业等社会力量来说，吸引力比较弱。这就需要政府主动宣传，帮助企业等社会力量探寻自身的价值目标与公益投资老年友好型社区建设的契合点，还要制定激励企业等社会力量投资老年友好型社区建设的相关政策，吸引多元社会力量参与投资和建设。另一方面，在了解老年人真实需求的前提下进行为老服务设施建设，可以对服务对象和服务内容进行细分，以低于市场的价格向老年群体收取使用费用。此外，可以发挥志愿者协会等力量，为社区捐款捐物。这样能够扩大老年友好型社区建设的资金来源，减轻政府财政压力，增加群众关注度和参与度，进而扩大老年友好型社区建设的社会群众基础，满足老年人对社会公共服务的多元化需求。

3.加大财政投入，构建资金跟踪监管机制

据调查，有很大比例的老年人认为其所在社区的物质环境建设需要进一步完善，而完善

过程的最大障碍就是缺乏资金，资金匮乏使得很多社区降低了为老服务设施的建设标准。政府应在科学规划的前提下，加大财政投入力度，并且要根据社区类别区分资金投入力度，尽可能缩小社区间的差异。如在基本生存型、生理友好型、心理友好型、自我实现型这四类社区中，基本生存型社区要建设老年友好型社区，所需政府投入资金和其他资源的数量应该是最多的。此外，资金不到位也会阻碍老年友好型社区的建设进度，建设资金的落实是保障老年友好型社区创建成效的重要基础。在建设老年友好型社区过程中，要加强资金的后期管理，构建跟踪监管机制，明确资金监管主体，加大责任追究力度，严格查处资金管理使用过程中的违法违纪行为，通过制度保障资金得到合理配置，确保每一笔资金使用到位，每一项政策落实到位、效果评估到位。

（二）服务环境改善：老老与共＋精准服务

1.精准识别，精准施策

由于每个社区本身的资源不同，老年群体特征不同，对养老服务的需求也有所不同。如基本生存型社区仅仅能够满足老年人的生存需要，物质环境、服务环境、政策执行环境都需要大力完善；生理友好型社区物质环境相对较好，但服务环境、政策执行环境都有待改善；心理友好型社区社会服务环境较好，老年人社会参与度高，但可能硬件环境一般，需着重改善物质环境和政策执行环境；自我实现型社区虽然是老年友好型社区之典范，但是为了持续发展，仍然需要加强政策执行环境建设。当前的为老服务大多忽视了服务对象的差异性，搞"一刀切"，影响了建设效率和成效，事倍功半。在老年友好型社区建设过程中，应分类型、补短板进行建造，重点解决社区中老年群体的共性问题，抓住主要矛盾，提高建设效率，保障建设成效。与此同时，精准识别老年人的个性需求，因人施策。

（1）注重实地走访调查。

在社区服务与管理的过程中，由于社区工作者与老年人群信息沟通不畅，导致社区不能及时了解老年人的真实需求，影响了为老服务水平的提高。此外，社区即使提供了相关为老服务，老年人群也获取不到。对于绝大多数的老年人来说，与其他调查方式相比，上门走访具有更高的针对性和有效性，能准确抓住老年群体的共性需求，能多方面多层次地了解到老年人的个性需求。在本次调查中，我们发现许多社区都会对独居、空巢、高龄尤其是失能、失智的老年群体进行上门走访慰问，次数多的社区每个月会对高龄老人进行三次到四次的上门走访慰问，其中还不包括特殊节日时的定期慰问。高频率的走访慰问，能够拉近老年群体与社区工作人员的距离，增加老年居民对社区工作人员的信任，也有利于社区工作人员更能够精准识别老年人的需求，为老年人提供精准服务。

（2）畅通双向表达途径。

根据调查得知，在当前的社区为老服务过程中，大部分社区工作人员未能广泛听取老年人的意见，存在"以任务为中心"的现象，老年人的参与度也不高，从而导致老年人不能准确反映自己的真实需求，工作人员也不能充分了解老年人的真实需求，进而导致供给与需求出现偏差。在老年友好型社区建设过程中，要畅通双向表达途径，使老年人能够多渠道反映服务需求，工作者能够多渠道了解到老年人群的真实需要，真正做到消除社区工作人员和老年人群之间的信息隔阂，精准有效服务。在调查过程中，部分社区工作人员表示，为了便于社区日常服务的信息交流，他们与社区居民建立了微信交流群。另外，我们发现在一些社区服务中心也设有咨询信箱和意见箱。若社区在建设老年友好型社区过程中配备专门人员管理好社区和居民之间的线上微信交流群和线下咨询流程，将更有助于社区工作人员了解老年人的真实需求，从而将工作内容转化为"以老年人为中心"。

（3）精准识别需求内容。

当前，受技术、观念、工作人员专业性等多方面因素的影响，存在对老年人社服务需求识别不精准的现象，难以对同类型需求进行多层次划分，实行"一刀切"，使区域间、群体间的差异化需求无法得到精准供给。因此，我们在了解老年群体真实需求的过程中，要丰富需求识别的内容，精准识别需求，有针对性地开展服务。一方面，要加强对调研工作人员的老年服务知识教育，使之在调研中能挖掘老年人多方面多层次需求，保障精准识别；另一方面，将社区老年人纳入社区调研工作者行列，老年工作者更了解老年人的需求，有利于提高识别的准确性。

2."三治两共一导向"模式，提高服务质量

（1）"三治"：自治、共治、法治。

"自治"即增强老年群体社区参与度，实现老年群体自我管理。老年群体尤其是低龄老年群体可以在社区治理和服务中发挥重要作用。社区要充分挖掘老年群体的社会力量，老年群体不仅可以担任活动宣传初期的工作人员，也可以担任为老服务工作组的核心成员，可以成为活动的策划者、推动者和组织者。实现老年群体自治，不仅可以了解老年人的真实需求，根据老年人的真实需求开展社区为老活动，还可以进一步增强老年人的自我效能感。我们在调研中走访的龙擎苑社区就是一个很好的例子，他们实行"低龄时自愿提供服务，高龄时优先享受服务"的接力式为老服务模式，充分发挥了低龄老年群体的作用。

"共治"即多方参与，共同治理。政府在规划社区建设时要加强和高校、企业的合作，建立上下联动机制，形成政府、社区、科研单位、企业利益相关方的合作体系，同时要充分发掘社会志愿者、社区家庭的力量，多方力量合作共同助力解决老年友好型社区建设面临的资金、技术等问题。在调查过程中，我们了解到已经有部分社区能够依托社区卫生服务中心、红色管家、社会组织等资源为社区老年群体提供助医、助洁、助学等便捷服务，如桂林市六合社区，虽然参与主体还不够多元，但是已经有了多方参与、共同治理的良好趋势，能够为其他地方的老年友好型社区建设提供良好参照。

"法治"即增强社区居民法治意识，依法保护老年群体合法权益。随着全国城乡社区普遍开始着手建设老年友好型社区，相关部门应及时关注社区建设和治理过程中出现的法治化问题，加快完善相关法律法规，使其能够适应老年友好型社区建设的需要，为其提供法律保障。此外，社区要积极开展关于老年群体权益的普法宣传教育工作，例如可以在趣味游戏中融入关于老年群体群益的法律知识，寓教于乐，并设立公共法律服务室，为老年人提供法律援助等服务。

（2）"两共"：信息共享、活动共联。

"信息共享"即政府、社区、社会志愿力量、家庭等多方共建为老服务基础信息平台。该平台建设需以政府为主导，在统一建设标准的前提下，市、区、街道、社区等进行多层次维护与管理，加强监督，保障信息安全。平台中的信息可包括老人的基本信息、个人健康档案、服务档案等，在一定程度上可避免无效调研和服务活动，避免老年群体对为老服务活动产生抗拒感。在实地调查中，很多老人反馈经常会有人到社区开展活动，询问他们一些类似的问题，但是他们的社区生活并没有什么实质改善，所以热情度不高。

"活动共联"即社区间相互交流探讨，共同开展活动。创建老年友好型社区，各社区不仅要相互交流、相互借鉴成功的建设经验，更要切实围绕"提高为老服务水平"这一关键点进行探讨，集思广益，实现合作共赢。据梧州市藤县城西社区和大东社区的工作人员表示，社区即将开展的共联活动，社区会派出工作人员参与社区月度活动计划交流会，并根据各社区的人力、物力、财力等实际情况选择最佳活动方案，这在很大程度上节省了社区活动准备工作的时间，社区活动成效也有了很大的提高。

（3）"一导向"：以老年人需求为导向。

随着我国老龄化程度的不断加深，相关部门对社区养老也越发重视，其涵盖面越来越广，标准越来越高，难度越来越大。保障建设成效，需要相关建设主体多渠道了解老年人的真实需要，以老年群体需求为导向，明晰首要的建设内容，了解老年人眼中的建设效果，从实际出发，突出针对性，围绕社区老年群体的需求开展工作。经我们调查走访的柳州市十一冶社区的情况来看，社区为解决老年人日间照料问题，缓解年轻子女因为白天出门工作而无法照顾老年人的忧虑，在了解老年人真实需要以及征集社区意见之后，在社区开展社区照顾服务，建立老年日间照料中心。在建设过程中，充分考虑到了老年群体的真实需要，以老年人需求为导向。

3.精准管理，形成长效机制

精准管理是规范各方行为、协调全面发展、提高服务质量的有效保障。老年友好型社区建设涉及面广，仅靠社区单个主体的力量是无法完成的，其创建需要多元主体共同参与，为保障社区建设成效，需加强管理，精准施策，形成长效机制。

（1）完善评估诊断机制建设。

创建老年友好型社区，除了要对创建各阶段的建设结果进行评估，还要对社区创建过程进行评估，包括以下几个方面：第一，要对老年友好型社区的整体建设现状进行全面评估；第二，在调研基础上，依据社区现有的物质环境、服务环境、政策执行环境，结合社区的优势和不利因素，分类型对各社区创建老年友好型社区的相关措施和计划进行评估；第三，在老年友好型社区建设过程中，存在多元主体协同参与建设的状况，需对各主体的工作成效进行评估。要分别对这些方面进行全面评估，不断完善当前的评估诊断机制。

（2）分阶段动态化实施与监管。

分阶段实施老年友好型社区的建设计划。在建设初期阶段，要重点建设各类型社区的重点领域和关键项目，向社会、企业、家庭、老年人等主体展示老年友好型社区建设的效果与可行性，增加各参与主体的信任度，从而引起社会的广泛关注，营造良好的建设氛围。在获得更多外部资源支持的基础上，可以制订长期的发展计划。在分阶段、多元协同建设的过程中，对老年友好型社区的建设进行动态评估与监管，及时发现问题、解决问题，形成长效的建设机制。

（三）政策执行环境优化：宣传引领＋执行创新

1.加强宣传引领，营造建设氛围

国家发布老年友好型社区建设指导性政策文件的时间较晚，社会、社区等对新政策的理解程度不高，当下要多方位、多角度加大宣传力度，拓展宣传广度，提高宣传热度，加强宣传引领作用。一是要加强对社区工作者的宣传教育。除了要向社区工作者传达相关政策，还要完善培训体系，增强培训的灵活性，以多样的形式加强工作人员对政策的了解。二是要加强对老年群体的宣传教育。现在社区宣传活动的方式大致有三种：口口相传、贴公告、拉横幅。但老年人对信息的接受度和认知度相对较低，一些信息难以引起老年人的注意。社区可在保留原有方式的基础上，充分利用社区电梯等公共区域以及广播、互联网等媒介，保证对老宣传有文字、有声音、有影像，广泛引起老年人的注意，让老年人认识到社会参与的重要性，积极主动参与到社区事务中，增强对自我价值的认可。三是要加强对社会力量的宣传引导。加大主流媒体宣传力度，可增加固定的宣传栏目，保持宣传热度，提高公众的重视度。

2.因地制宜，提高政策规划执行力

科学有效地实施计划和方案，能起到指引方向、凝聚力量、保障建设成效的作用。在建设老年友好型社区过程中，各社区的目标、任务虽然一致，但现实的情况却是千差万别。各类工作者应结合各社区的实际情况，在充分调研并且听取各方意见的基础上，充分考虑各类型老年群体以及老年人个体的需求，把相关的政策目标和政策精神转化为切实可行的实施方案，防止出现"以任务为中心"而非"以实际情况为中心""以老年人为中心"的现象，如对生理友好型社区，要把建设重心放在服务质量方面，不要盲目地一把抓，搞面子工程。

3.加强专业人才队伍建设，创新政策执行

政策能否得到有效执行，顺利实现其目标，不仅取决于政策本身，还取决于执行政策的各级工作者对于政策的理解程度和执行过程中采取的方式。一要创新政策执行体制，完善政策执行中的问题反馈机制，及时根据面临的问题，在遵循政策目标和政策精神的前提下，创新执行方案，从而避免在执行政策中出现敷衍政策、附加政策、歪曲政策、抵制政策等偏差现象，对于"上有政策，下有对策"等损害政策权威性和严肃性的现象需要重点监管。二要提升政策执行者的综合素质，在政策执行时要有全局观念，对政策规划指示要有清晰的认知，不能被利益驱使而不公正地执行政策。三要创新政策执行的方式，避免执行过程的各环节间出现矛盾，确保将政策科学地转化为可操作的具体措施，避免出现因象征性执行和消极执行而导致政策无法真正落实的情况。

（四）小结

本节在广西62个城镇社区老年友好型社区建设中问题及其成因分析的基础上进行了深层次的对策分析，分别从加强物质环境建设、改善服务环境、优化政策执行环境三个方面为广西城镇老年友好型社区建设提出可行性对策分析，向大家提供了一套老年友好型社区建设的相关措施，简称PSP环境建设对策，以此来推动广西老年友好型社区建设，为其提供相应的智力支持。只有具备了良好的物质环境、如意的服务环境和优良的政策执行环境，老年友好型社区的建设才能有所保障。

六、结论

人口老龄化是我国当下及未来一段时期面临的重大挑战，建设老年友好型社区是积极应对人口老龄化的重要举措。当前广西老龄人口基数大，且老龄化程度日益加深，未富先老特征突出。因此，广西推动老年友好型社区建设不仅必要而且急迫。课题组通过对调查资料进行分析、整合，深入了解广西62个城镇社区的老年友好型社区建设实际情况，并在研究中得出了以下结论：

一是要在类型分析的基础上进行一社一策精准创建。国家标准出台后，有人将其武断地理解为全国一个模式，影响了建设效率和成效。课题组基于调研对广西城镇老年友好型社区的建设情况进行类型学分析，将被调研社区分成基本生存型、生理友好型、心理友好型、自我实现型四类，便于找出共性，进而对每一类社区在创建老年友好型社区中所面临的共有问题，以类为单位从面上提供指导。就方法论而言，在分类基础上找共性问题，然后深入个体性问题精准施策，这是一种高效而有益的尝试。

二是上述四类社区在老年友好型社区建设中的问题集中体现在物质环境、服务环境、政策执行环境三个方面：其一，住宅适老化建设程度低，户外空间设施及环境适老性差，物质环境有待改善；其二，社会参与性服务水平低，科技助老智慧创新服务有短板，服务环境亟待重塑；其三，政策理解有偏差，执行弹性大，建设资金短缺，政策执行环境需要优化。

三是PSP环境建设对策可为老年友好型社区建设提供助力。针对面临的问题，在深入分析原因的基础上，课题组提出PSP环境建设对策——依托"科学规划＋财政投入"加强物质环境建设，基于"老老与共＋精准服务"改善服务环境，通过"宣传引领＋执行创新"优化政策执行环境——为补齐建设中存在的短板提供了简单可行的分析框架。希望在"积极老龄化"前提下，最大程度地改善老年人所在社区的物质、服务以及政策执行环境。只有具备良好的物质环境、如意的服务环境和优良的政策执行环境，老年友好型社区的建设成效才能有所保障。

附件一

广西城镇老年友好型社区建设现状调研问卷

问卷编号：_____

尊敬的居民：

您好！

为了充分了解老年友好型社区的建设现状，以助力党和政府更好地完善老年友好型社区的建设工作，特进行此次问卷调研。为保护您的隐私，调研问卷不记名，请放心填写并如实反映情况。衷心感谢您的理解与配合！祝您身心健康、家庭幸福！

——广西城镇老年友好型社区建设现状调研组

1.您听说过"老年友好型社区"吗？（　　　）

A.没有　　　　　　　　B.听说过，但不理解　　　C.听说过，并有一定的了解

2.您觉得建设"老年友好型社区"有没有必要？（　　　）

A.有　　　　　　　　　B.没有　　　　　　　　　C.不知道

3.社区有没有对独居、空巢、失能（含失智）、重残等特殊老人家庭用水、用电和用气等设施进行安全检查或入户排查？有没有对老化或损坏的及时改造维修？（　　　）

A.没有　　　　　　　　B.有，次数非常少　　　　C.经常定期检查　　　D.不知道

4.目前社区楼道内有没有安装老年人能够操作的报警设备？（　　　）

A.有　　　　　　　　　B.没有　　　　　　　　　C.不知道

5.社区有没有定期开展老年人安全知识讲座？（　　　）

A.没有　　　　　　　　B.一个季度一次

C.半年一次　　　　　　D.一年或一年以上一次

6.您觉得家中哪些方面急需通过市场化运作或政府资助等方式进行改造，以降低老年人的生活风险？（　　　）（多选题）

A.居住空间布局　　　　B.地面　　　　　　　　　C.扶手

D.厨房设备　　　　　　E.如厕洗浴设备　　　　　F.紧急呼叫设备

G.其他

7.您觉得您所在的社区绿化、美化情况如何？（　　　）

A.好　　　　　　　　　B.一般　　　　　　　　　C.不好

8.您所在社区是否存在以下情况? ( )(多选题)

A.汽车尾气污染严重

B.抽油烟机排放污染严重

C.污水池、垃圾桶(房)等恶臭

D.燃烧炉排放废气严重

E.房屋内外装修气味重

F.其他

9.社区能够做到( )(多选)

A.垃圾清运及时　　　　　B.无卫生死角　　　　　C.垃圾无暴露积存

D.帮助老年人学习垃圾分类知识,鼓励和协助老年人实施垃圾分类回收

E.其他

10.为了使老年朋友出行更加方便,您觉得社区公共设施建设,哪些方面需要加强?
( )(多选)

A.改造现有坡道　　　　　B.改造现有的楼梯

C.改造现有的电梯　　　　D.增加扶手　　　　　E.增设电梯

F.增设坡道　　　　　　　G.增设休息座椅　　　　H.其他

11.社区公共基础无障碍设施建设过程中,您觉得最迫切需要改善的是( )

A.社区道路设施　　　　　B.休憩设施　　　　　C.信息化设施

D.社区服务设施　　　　　E.其他

12.您所在社区道路和公共设施建筑物内外是否设置了清晰明确的标识系统且标识的安
装安全牢固?( )

A.是　　　　　　　　　　B.否　　　　　　　　C.不知道

13.您所在社区老年人集中活动的场所附近是否设置公共厕所?( )

A.是　　　　　　　　　　B.否　　　　　　　　C.不知道

14.您所在社区有没有无障碍公共厕所并配置紧急呼叫设备?( )

A.有　　　　　　　　　　B.没有　　　　　　　C.不知道

15.您所在社区步行道路情况如何?( )(多选)

A.满足安全便利要求,保证步行道路平整安全

B.没有步行障碍物,社区严禁非法占用步行道

C.步行道路、台阶、活动场地等设施设置了照明设备

D.其他

16.社区道路系统设置（　　　）（多选）

A.社区道路系统设计人车分流

B.机动车道路采用低噪或降噪路面并设置限速行驶标识和路面减速设施

C.社区道路系统保证救护车辆能停靠在建筑的主要出入口处

D.其他

17.您家里的老人有家庭医生签约服务吗?（　　　）

A.有　　　　　　　　　B.没有　　　　　　　　　C.不知道

18.据您所知您所在社区医疗机构为老年朋友提供了哪些服务?（　　　）（多选）

A.定期为老年人提供生活方式和健康状况评估、体格检查、辅助检查和健康指导等健康管理服务

B.为高龄、失能、行动不便等居家老年人提供家庭病床、巡诊等上门医疗服务

C.增加了康复、护理床位，开设了安宁疗护病区或床位

D.医养结合，为失能老年人提供长期照护服务

E.其他

19.据您所知您所在的社区为老年人做了哪些事情?（　　　）（多选）

A.采取健康宣传栏、健康讲座等多种形式，普及健康老龄化理念和健康科学知识

B.建立社区养老服务机构或设施，为老年人提供生活照料、助餐助行、紧急救援、精神慰藉等服务

C.建立居家社区探访制度，定期探访独居、空巢、失能（含失智）、重残、计划生育特殊家庭等特殊困难老年人

D.以多种形式为社区老年人提供助餐、助浴、助洁、代购、康复护理、紧急救援、康复辅具租赁等多样化服务

E.按照社区老年人需求，持续开展心理疏导、情绪抚慰、关系调适、社会融入等专业社会工作服务

F.开展老年人防诈骗知识与技巧宣传教育工作，提高老年人识别和防范非法集资、电信诈骗等非法侵害的能力

G.社区设立公共法律服务室，为老年人提供法律援助等公共法律服务，帮助解决涉及老年人的纠纷及相关事务

H.发展居家社区养老服务

I.支持社区居民为有需求的老年人提供非专业性的养老服务

J.其他

20.在引导和组织老年人参与社区治理和服务方面，存在哪些情况？（　　　　）（多选）

A.居民代表会议有老年人代表参加

B.社区开展与老年人相关的服务项目或活动时，充分听取老年人的意见和建议

C.建立老年协会等基层老年社会组织，实行老年人自我管理、自我服务、自我教育、自我监督

D.拓展老年人力资源开发，支持老年人广泛参与社区公益慈善、教科文卫等事业

E.鼓励老年人自愿量力、依法依规参与经济社会发展，改善自身生活，实现自我价值

F.成立社区老年文体团队，方便老年人就近参加各类文化体育活动

G.为老年人和老年社会组织参与社区活动提供便利条件，依托社区综合服务设施因地制宜改造或修建综合性活动场所，满足老年人社会参与和文化生活需要

H.定期了解老年人对社区参与的需求及意见，促进老年人广泛参与社区活动，融入社区

I.引入社会工作专业服务，引导和支持老年人广泛开展自助、互助和志愿活动

J.设立老年教育学习点，积极开展老年人思想道德、科学普及、休闲娱乐、健康知识等方面的教育

K.充分利用社区内各种资源，因地制宜，方便老年人以各种形式经常性参与教育活动

L.其他

21.关于营造孝亲敬老氛围，您所在社区开展了哪些活动？（　　　　）（多选）

A.对社区老年人开展积极老龄观教育，引导老年人树立终身发展理念，增强老年人的自尊、自强、自爱意识

B.倡导全体社区居民树立积极老龄观，积极看待老龄社会，积极看待老年人和老年生活，积极做好全生命周期养老准备

C.每年开展"活力老人"等践行积极老龄观先进典型人物事迹宣传活动

D.组织多种形式的社区敬老爱老助老主题教育活动

E.强化子女的尊老敬老意识，对不履行赡养义务的子女，社区对其开展批评教育

F.开展家庭养老照护培训及服务，提高失能老年人照护者的护理知识和技能，履行好家庭照料职责

G.开展有利于促进代际互动、邻里互助的社区活动

H.在社区开展人口老龄化国情教育和老年友好型社区理念宣传活动

I.增强老年人依法保护自身合法权益以及社区居民依法保护老年人合法权益的意识

J.其他

22.您所在的社区有没有帮助老年人学习电脑、智能手机等智能产品和智能技术的社区

活动?（　　　）

  A.有　 B.没有　 C.不知道

  23.您所在的社区在办事过程中是否充分考虑到有老人不会使用电脑、智能手机等智能产品和智能技术的情况?（　　　）

  A.有　 B.没有　 C.不知道

  24.社区有没有鼓励依托智慧养老平台和相关智能设备，为老年人提供居家照护、医疗诊断等服务?（　　　）

  A.有　 B.没有　 C.不知道

  25.社区有没有人专门负责老龄工作?（　　　）

  A.没有　 B.1人　 C.2人及以上

  26.社区有没有逐步增加为老服务设施的财力投入，扶持社区各类为老服务设施的建设和正常运营?（　　　）

  A.有　 B.没有　 C.不知道

  27.您对目前老年友好型社区建设有何建议和意见?

_____

_____

附件二

广西城镇老年友好型社区建设访谈提纲

1.请介绍一下你们社区老年人群体的基本情况。

2.对照《全国示范性城乡老年友好型社区标准（试行）》，你们社区老年人居住环境安全整洁情况如何？

3.对照《全国示范性城乡老年友好型社区标准（试行）》，你们社区老年人出行设施完善便捷情况如何？

4.对照《全国示范性城乡老年友好型社区标准（试行）》，你们社区为老年人服务便利可及情况如何？

5.对照《全国示范性城乡老年友好型社区标准（试行）》，你们社区老年人社会参与情况如何？

6.对照《全国示范性城乡老年友好型社区标准（试行）》，你们社区孝亲敬老氛围如何？

7.对照《全国示范性城乡老年友好型社区标准（试行）》，你们社区科技助老智慧创新情况如何？

8.对照《全国示范性城乡老年友好型社区标准（试行）》，你们社区老年友好型社区建设经费有保障吗？

9.对目前老年友好型社区建设有何建议和意见？

有"数字"无"鸿沟"：老年友好型社区建设新思考

从2020年到21世纪中叶，既是我国人口老龄化高速发展时期，又是建设社会主义现代化强国的关键期，科学有效应对人口老龄化问题至关重要。为积极应对人口老龄化，我国采取了一系列措施，启动老年友好型社区创建工作就是其中重要一环。但在创建过程中，存在部分老人被互联网、新媒体"抛弃"，科技助老智慧创新力度普遍不足的情况。数字化对改善老年人生活质量是否必要？如何解决好"数字鸿沟"问题？这些是我们在建设老年友好型社区过程中需要回答的问题。

一、老年友好型社区建设的时代性

（一）人口老龄化发展态势迅猛

中国是世界上老年人口数量最多、老龄化速度最快的国家。早在1999年，我国就已经提前进入老龄化社会，是世界上较早面临"未富先老"困境的国家。2015年，我国65岁及以上老年人口占总人口的比例就已经从1980年的4.7%提高到10%，据预测，我国65岁及以上老年人口占比，将由2015年的10%继续提升到2030年的18%、2050年的33%。当前，我国养老服务体系、基础养老设施发展相对滞后，相关制度不够完善，如此迅猛的人口老龄化发展态势势必给我国各方面带来巨大压力。

（二）传统家庭养老受到冲击

目前，我国的养老模式主要有三种：家庭养老、机构养老和社区养老。[①]家庭养老是我国传统的养老模式，也是目前最普遍、最容易被老年人接受的养老模式。而这种养老方式却日益经受严峻的考验：家庭结构小型化、核心化、多元化，导致子女的养老负担越来越重；农村年轻劳动力外流，老年人"空巢"现象严重；重幼轻老，孝道观念渐渐弱化；社会默许性别分工，女儿养老社会舆论压力大，带有自愿和辅助性质；等等。在这些问题的冲击下，家庭养老越来越不能适应社会发展趋势，我们急需调整传统的养老模式。

机构养老是通过养老机构为老年人提供饮食起居、清洁卫生、生活护理、健康管理和文体娱乐活动等综合性服务的养老形式。机构养老最显著的优势在于安全性较有保障，大部分

---

① 李芊，卢梓玉.社区在农村居家养老中的定位及其发展现状思考［J］.人口与健康，2021（1）：17-20.

养老机构配有专门的看护人员，提供不同等级的护理服务，有些还针对特殊需要的老人开设特别护理服务。对于高龄、失能、独居老人，机构养老不失为更好的选择。一些条件更好的或者医院参与管理的机构还实行医养结合，医护人员随时可以解决急救问题。与居家保姆式养老相比，机构养老显然在许多方面更加周全。其缺点是：离家后，容易造成老人与子女、亲朋好友间情感的缺失，而且大多数养老院的收费不低，养老成本较高。

与家庭养老和机构养老相比，社区养老可以扬长避短。一方面，社区在提供养老服务的同时，仍然强调以家庭为中心，容易被老年人接受；另一方面，社区免费或低偿地为老年人提供生活照料、医疗保健、文化娱乐、精神慰藉等服务，能照顾到大多数老人的经济状况。老年人的各项身体机能会随着年龄的增长而不断退化，活动空间会不断缩小，对生活环境和社区服务的依赖性也会不断增加。构建老年友好型社区，能够有效应对人口老龄化问题，是构建和谐社会的重要举措。

二、老年友好型社区中的"数字鸿沟"

关于老年友好型社区，2020年年底，国家已明确提出居住环境安全整洁、科技助老智慧创新等7条建设标准，要求帮助老年人学习使用智能手机、电脑等智能产品和智能技术，缩小老年人与青年人之间的"数字鸿沟"。"数字鸿沟"是指信息拥有者与信息贫乏者之间存在的差异，主要指因年龄差异存在于老年人群与青年人群之间的信息差异。[1] 截至2020年3月，我国拥有9.04亿网民，其中60岁及以上的老年网民群体占比为6.7%。[2] 这也就是说，我国尚有近6千万老人尚未跨过"数字鸿沟"。

随着5G技术的不断发展，数字化城市、未来社区等建设的不断推进，我国老年人的社区养老环境也不断发生改变。社区逐步利用互联网大数据为老年人提供便捷、舒适的智能养老产品和服务，包括生活照料、医疗保健、精神慰藉等诸多方面，数字化水平不断提高。如数字医疗可以为老年人提供紧急救助服务、生理检测服务、远程健康管理服务等，老年人足不出户便可以向医生做健康咨询，可以随时得到医生的健康提醒。[3] 诚然，互联网大数据给人们的生活带来了诸多便利，但老年群体却在数字化的过程中被逐渐边缘化，"数字鸿沟"问题同样出现在老年人的社区生活之中。一方面，老年人群随着年龄的增加，学习能力、理

---

① 张苑煜，眭党臣."互联网＋"社区养老服务产业发展存在的问题及对策［J］.陕西理工大学学报（社会科学版），2017，35（4）：78-84.

② 于朝晖.CNNIC发布《第45次中国互联网络发展状况统计报告》［J］.网信军民融合，2020（5）：26-27.

③ 赵晓旭，傅昌銮.数字化背景下老年友好社区构建策略——基于杭州市K街道N社区的调查［J］.理论与改革，2020（3）：131-146.

解能力和心理承受能力都逐渐下降，而互联网更新快、范围广，大多都是新兴事物，他们会因此恐惧和排斥社区生活中的高科技产品；另一方面，老年人由于自身对信息不敏感，传统观念根深蒂固，更倾向于接受纸质图书、报纸、广播、电视等信息媒介，不愿意甚至不会使用公共文化数字平台等产品。此外，当前信息技术在适老化设计方面严重不足，客观上加大了老年人融入数字社会的难度。而随着信息技术和数字经济的飞速发展，年轻人的衣食住行越来越被互联网、人工智能等数字技术所包围，年轻人在数字化的海洋里遨游，老年人与年轻人之间的"数字鸿沟"越来越大。

"数字鸿沟"为社区有效提高为老服务的科技化水平带来了不便，严重阻碍老年友好型社区的发展。其一，影响老有所养的质量。老年人尤其是留守老年人不会使用手机、电脑等智能产品和智能技术，不方便与子女进行语音和视频联络，减少了家庭代际互动，精神慰藉相对减少。其二，降低老有所医的条件。数字医疗可以为老年人提供紧急救助、远程健康管理等服务，且缩小了各地医疗资源配置的不均衡，老年人足不出户便可以向医生做健康咨询。而如果老年人不信任或者不会使用这些设施，则大大降低了老有所医的水平。其三，减少老有所乐的互补。持续优化的智能设备和数字化服务让老年人的生活更有乐趣，但也存在老年人无网使用、不会使用、不愿使用的情况，减少了老有所乐的活动。其四，缩窄老有所学的渠道。数字化教育依托互联网、大数据等多渠道搜集教育资源，构建学习平台，以满足老年人求知、康乐、进步的需要。然而这一切都有赖于"数字鸿沟"的弥合。数字技术本身是好的，关键是要如何解决"数字鸿沟"问题，让包括老年人在内的所有人群都能享受到数字技术带给我们的福利。

综上所述，我国构建老年友好型社区，除了要做到结合国情，以家庭为核心，以社区为依托，还要有效弥合"数字鸿沟"，做到以数字化、信息化、互联网、物联网等为支撑，提高为老服务的科技化水平。

三、"数字鸿沟"视域下创建老年友好型社区的对策建议

数字化车轮滚滚向前，在大力推进老年友好型社区建设、提高为老服务科技化水平的背后，是"数字鸿沟"的存在，使越来越多的老年人加速与社会的脱节。提高老年友好型社区建设水平，需要政府、企业、社区、家庭和老年人的共同参与，有效解决"数字鸿沟"问题。

一是政府要加强引领和推动，在宏观层面予以支持。科技发展不应该将老年人排斥在外，政府作为社会管理中的"掌舵者"，应完善相关法律法规，为消弭老年群体与青年群体

之间的"数字鸿沟"提供必要的制度保障。一方面，政府可以加大财政支持力度，对适老新技术的研发予以资金支持，对供老年人使用的智能产品予以补贴；另一方面，政府要加大宣传力度，鼓励社会各界帮助缩小"数字鸿沟"，鼓励老年群体接触、学习、掌握新技术。

二是企业要顺势而为，努力开发适合老年人的互联网智能技术产品和服务项目。从数字技术的操作角度看，当前的数字产品大多是由中青年设计的，且以中青年群体为中心，忽视了老年人群的学习能力、身体能力以及使用能力。我国现有近2亿的老年人作为潜在的智能家居消费群体，面对这种情况，企业应顺势而为，在设计产品的使用步骤、操作界面和字体大小时，充分考虑老年群体的感受，推出更加智能化、易操作的产品。

三是社区在提高为老服务科技化水平的同时，应积极采取多种方式帮助老年人学会使用智能化产品。一方面，社区可以联合社会力量，定期为老年人提供基础、易操作、实用性强的互联网教育课程；另一方面，社区可以采用"先会带后会"的方法，发挥朋辈的影响作用，让"先会"的老年人指导"不会"的老年人学会使用智能家居产品，学会移动支付、扫码点餐、线上挂号等实用技术，让老年人接受数字化的生活，享受更加舒适便捷的老年生活。

四是家庭年轻子女要做好"反哺"。当下众多年轻子女都购买了许多智能家居产品孝敬父母，然而他们往往一送了之，重买轻教；有的就算是教了，也没有反复教学的耐心，并没有完全教会父母使用方法。老年人的学习能力和理解能力都随着年龄的增长而衰退，因此，子女们应该有足够的耐心，细心地、反复地帮助他们学会使用智能产品。让父母学会使用智能产品，便捷生活，可谓是一种新孝顺、新敬老。

五是老年人，应主动接纳数字化产品，学习数字化技术。老年人要打破传统的习惯思维，保持积极进取的生活态度，克服对新技术的恐惧和抗拒心理，建立对网络的信任，使自己能够更好地适应数字化社会，用自己的实际行动改变公众"老年人群是数字时代弱势群体"的刻板印象。

建设老年友好型社区，提高为老服务科技化水平，顺应了当前经济和社会发展的潮流，是有效应对人口老龄化的重要举措。但在此过程中，需及时关注并解决好"数字鸿沟"问题，让数字技术真正惠及老年人。政府、企业、社区、家庭多方助力弥合"数字鸿沟"的同时，老年群体本身也需要主动克服心理障碍，积极融入数字化进程之中。

参考文献

一、著作

［1］马克思，恩格斯.马克思恩格斯选集（第1卷）［M］.北京：人民出版社，1995.

［2］马克思.资本论（第1卷）［M］.北京：人民出版社，1975.

［3］马克思.1844年经济学哲学手稿［M］.北京：人民出版社，1985.

［4］习近平.摆脱贫困［M］.福州：福建人民出版社，2014.

［5］阿格妮丝·赫勒.日常生活［M］.衣俊卿，译.重庆：重庆出版社，1990.

［6］阿马蒂亚·森.贫困与饥荒［M］.王宇，王文玉，译.北京：商务印书馆，2001.

［7］包亚明.现代性与空间的生产［M］.上海：上海教育出版社，2003.

［8］彼得·圣吉.第五项修炼：学习型组织的艺术与实践［M］.张成林，译.北京：中信出版集团，2009.

［9］B.S.布卢姆.教育评价［M］.邱渊，王钢，夏孝川，等，译.上海：华东师范大学出版社，1987.

［10］曾建平.环境正义——发展中国家环境伦理问题研究［M］.济南：山东人民出版社，2007.

［11］查尔斯·哈珀.环境与社会——环境问题中的人文视野［M］.肖晨阳，晋军，等，译.天津：天津人民出版社，1998.

［12］大卫·雷·格里芬.后现代精神［M］.王成兵，译.北京：中央编译出版社，1998.

［13］杜赞奇.文化、权力与国家——1900—1942年的华北农村［M］.王福明，译.南京：江苏人民出版社，1996.

［14］范明林，马丹丹.老化与挑战：老年社会工作案例研究［M］.上海：华东理工大学出版社，2017.

［15］费孝通.乡土中国［M］.北京：外语教学与研究出版社，2012.

［16］贺雪峰.新乡土中国［M］.北京：北京大学出版社，2013.

［17］黑格尔.自然哲学［M］.梁志学，等，译.北京：商务印书馆，1980.

［18］胡塞尔.欧洲科学危机和超验现象学［M］.张庆熊，译.上海：上海译文出版社，

1988.

［19］霍尔姆斯·罗尔斯顿.环境伦理学：大自然的价值以及人对大自然的义务［M］.杨通进，译.北京：中国社会科学出版社，2000.

［20］卡尔·波兰尼.大转型：我们时代的政治与经济起源［M］.冯钢，刘阳，译.杭州：浙江人民出版社，2007.

［21］陆益龙.后乡土中国［M］.北京：商务印书馆，2017.

［22］陶传进.环境治理：以社区为基础［M］.北京：社会科学文献出版社，2005.

［23］肖川. 教育的理想与信念［M］.长沙：岳麓书社，2003.

［24］衣俊卿.现代化与日常生活批判［M］.哈尔滨：黑龙江教育出版社，1994.

［25］余谋昌.环境哲学：生态文明的理论基础［M］.北京：中国环境科学出版社，2010.

［26］约翰·罗尔斯.正义论［M］.北京：中国社会科学出版社，2009.

［27］中国农村扶贫开发纲要（2011—2020年）［M］.北京：人民出版社，2011.

［28］周燕珉，等.老年住宅［M］.北京：中国建筑工业出版社，2011.

二、期刊

［1］陈志恒.日本低碳经济战略简析［J］.日本学刊，2010（4）：53-66，158.

［2］黄文娟，葛幼松，周权平.低碳城市社区规划研究进展［J］.安徽农业科学，2010，38（11）：5968-5970，5972.

［3］曹孟勤.自然即人 人即自然——人与自然在何种意义上是一个整体［J］.伦理学研究，2010（1）：63-68.

［4］曾建平.消费方式生态化的价值诉求［J］.伦理学研究，2010（5）：89-94.

［5］包庆德，张燕.关于绿色消费的生态哲学思考［J］.自然辩证法研究，2004（2）：4-7+28.

［6］毛勒堂.消费正义：建设节约型社会的伦理之维［J］.毛泽东邓小平理论研究，2006（4）：61-65，88-89.

［7］王丰年，季通.从生态学的角度考察过度消费［J］.自然辩证法研究，2002（4）：65-67，77.

［8］李桂梅.可持续发展与适度消费的伦理思考［J］.求索，2001（1）：78-81.

［9］邹广文，常晋芳.日常的非日常化与非日常的日常化［J］.求是学刊，1997（1）：4-9.

［10］陈红兵.生活方式与生态文明建设——兼论佛教生活方式的生态价值［J］.南京林

业大学学报（人文社会科学版），2008（3）：129-133.

[11] 樊小贤.用生态文明引导生活方式的变革 [J].理论导刊，2005（10）：26-27.

[12] 方世南.生态文明与现代生活方式的科学建构 [J].学术研究，2003（7）：52-55.

[13] 杨通进.生态公民论纲 [J].南京林业大学学报（人文社会科学版），2008（3）：13-19.

[14] 杨国荣.日常生活的本体论意义 [J].华东师范大学学报（哲学社会科学版），2003（2）：1-8，121.

[15] 小约翰·柯布，李义天.文明与生态文明 [J].马克思主义与现实，2007（6）：18-22.

[16] 曾繁仁.中国古代"天人合一"思想与当代生态文化建设 [J].文史哲，2006（4）：5-11.

[17] 汪三贵，郭子豪.论中国的精准扶贫 [J].贵州社会科学，2015（5）：147-150.

[18] 邓维杰.精准扶贫的难点、对策与路径选择 [J].农村经济，2014（6）：78-81.

[19] 王介勇，陈玉福，严茂超.我国精准扶贫政策及其创新路径研究 [J].中国科学院院刊，2016，31（3）：289-295.

[20] 唐丽霞，罗江月，李小云.精准扶贫机制实施的政策和实践困境 [J].贵州社会科学，2015（5）：151-156.

[21] 李红波，胡晓亮，等.乡村空间辨析 [J].地理科学进展，2018，37（5）：591-600.

[22] 龙花楼.论土地整治与乡村空间重构 [J].地理学报，2013，68（8）：1019-1028.

[23] 黎智洪.迈向空间正义：城乡发展一体化的价值取向及其实现机制 [J].中南大学学报（社会科学版），2016，22（5）：118-122.

[24] 龚天平，张军.资本空间化与中国城乡空间关系重构——基于空间正义的视角 [J].上海师范大学学报（哲学社会科学版），2017，46（2）：29-36.

[25] 曹现强，朱明艺.城市化进程中的城乡空间正义思考 [J].理论探讨，2014（1）：139-144.

[26] 李增元，周平平.空间再造与资源配置：现代化进程中的农村新社区建设 [J].南京农业大学学报（社会科学版），2018，18（5）：27-38，155.

[27] 宁爱凤."空间正义"视角下农村住房保障制度的重构 [J].甘肃社会科学，2017（3）：219-225.

[28] 吴永胜.满足农村人不断拓展其生活空间的教育需要——论农村教育的价值取向 [J].教育研究与实验，2018（1）：25-30.

[29] 孙大伟，任超.农村社区新型文化建筑空间对孝文化传承影响分析 [J].南方农村，2017，33（5）：49-55.

［30］卢利亚.农村留守儿童安全和品行问题的空间治理［J］.贵州社会科学，2017（9）：69-74.

［31］乔家君.乡村社区空间界面理论研究［J］.经济地理，2012，32（5）：107-112.

［32］赵光勇.乡村振兴要激活乡村社会的内生资源——"米提斯"知识与认识论的视角［J］.浙江社会科学，2018（5）：63-69，158.

［33］高帆.中国乡村振兴战略视域下的农民分化及其引申含义［J］.复旦学报（社会科学版），2018，60（5）：149-158.

［34］方创琳，刘海燕.快速城市化进程中的区域剥夺行为与调控路径［J］.地理学报，2007（8）：849-860.

［35］范建红，魏成，谢涤湘.空间剥夺视角下的乡村贫困研究述评［J］.世界地理研究，2018，27（1）：121-128.

［36］李建华，袁超.论空间物化［J］.求索，2014（4）：75-79.

［37］向云驹.论"文化空间"［J］.中央民族大学学报（哲学社会科学版），2008（3）：81-88.

［38］路璐，朱志平.历史、景观与主体：乡村振兴视域下的乡村文化空间建构［J］.南京社会科学，2018（11）：115-122.

［39］赵秀玲.当前中国村民自治的难题及其突破［J］.社会科学辑刊，2003（6）：40-45.

［40］邓大才.走向善治之路：自治、法治与德治的选择与组合——以乡村治理体系为研究对象［J］.社会科学研究，2018（4）：32-38.

［41］夏小华，雷志佳.乡村文化振兴：现实困境与实践超越［J］.中州学刊，2021（2）：73-79.

［42］杨谦，孔维明.习近平乡村振兴战略研究［J］.马克思主义理论学科研究，2018，4（4）：83-95.

［43］郭新茹，顾江.基于价值链视角的文化产业赢利模式探析［J］.现代经济探讨，2009（10）：38-42.

［44］范建华，秦会朵.关于乡村文化振兴的若干思考［J］.思想战线，2019，45（4）：86-96.

［45］程明，吴波，陈国庆.新时代农耕文化与绿色经济协同发展研究［J］.农业经济，2021（9）：47-48.

［46］邬沧萍，彭青云.重新诠释"积极老龄化"的科学内涵［J］.中国社会工作，2018（17）：28-29.

［47］李芊，卢梓玉.社区在农村居家养老中的定位及其发展现状思考［J］.人口与健康，

2021（1）：17-20.

［48］张菀煜，睢党臣."互联网+"社区养老服务产业发展存在的问题及对策［J］.陕西理工大学学报（社会科学版），2017，35（4）：78-84.

［49］赵晓旭，傅昌銮.数字化背景下老年友好社区构建策略——基于杭州市K街道N社区的调查［J］.理论与改革，2020（3）：131-146.

［50］苏丽君.否定之否定律视域中低碳和谐社会的建构［J］.南华大学学报（社会科学版），2010，11（6）：35-38.

［51］于一凡，朱霏飚，贾淑颖，等.老年友好社区的评价体系研究［J］.上海城市规划，2020（6）：1-6.

［52］胡晓婧，黄建中.老年友好的健康社区营造：国际经验与启示［J］.上海城市规划，2021（1）：1-7.

［53］赵永琪，陶伟.权力空间的研究进展：理论视角与研究主题［J］.世界地理研究，2017，26（4）：1-10.

［54］张晓.生态文明建设中的农村环境污染现状与保护治理［J］.安徽农学通报，2018，24（17）：5-7.

［55］戴亦欣.低碳城市发展的概念沿革与测度初探［J］.现代城市研究，2009，24（11）：7-12.

［56］袁银传，田亚.培育和践行社会主义核心价值观的基本路径［J］.思想理论教育，2014（10）：10-14.

三、报纸

［1］坚定不移沿着中国特色社会主义道路前进 为全面建成小康社会而奋斗［N］.人民日报，2012-11-09（2）.

［2］冷志明，殷强.以自我发展能力建设巩固扶贫攻坚成果［N］.光明日报，2016-03-27（6）.

［3］李纪恒.实施积极应对人口老龄化国家战略［N］.光明日报，2020-12-17（6）.

［4］李景源，杨通进，余涌.论生态文明［N］.光明日报，2004-04-30（A1）.

［5］刘辉，舒锐.绘就民族和谐崭新画卷 迈向团结进步美好未来［N］.贵阳日报，2021-09-15（4）.

［6］秦勇，林枫.成华区启动全国首个"老年友好社区"建设［N］.成都日报，2006-07-25（A07）.

［7］许丹婷.莫道桑榆晚 人间重晚情——我区加快发展养老服务事业纪实［N］.广西日

报，2017-01-18（10）.

[8]张玉.在社会治理中实现精准扶贫［N］.光明日报，2016-05-08（6）.

四、外文文献

[1]AARP. Livable Communities : An Evaluation Guide［R］. Washington. DC : AARP Public Policy Institute，2005.

[2]Alley，et al［J］. Creating Elder-Friendly Communities : Preparations for an Aging Society. Journal of Gerontological Social Work，2007（49）：1-18.

[3]A. DeLaTorre，M.B. Neal. Ecological Approaches to an AgeFriendly Portland and Multnomah County［J］. Journal of Housing for the Elderly，2017，31（2）：130-145.

[4]DTI. Energy White Paper : Our Energy Future : Creating a Low Carbon Economy［R］. London : TSO，2003.

[5]V.H.Menec，R. Means，N. Keating，G. Pankhurst，J. Eales.Conceptualizing Age-Friendly Communities［J］. Canadian Journal on Aging，2011，30（3）：479-493.

[6]Scharlach. Aging in Context : Individual and Environmental Pathways to Aging-Friendly Communities-The 2015 Matthew A. Pollack Award Lecture［J］. The Gerontologist，2017，57（4）：606-618.

[7]Steels. Key characteristics of age-friendly cities and communities : A review［J］. Cities，2015（47）：45-52.

[8]Kien To，K.H. Chong. The traditional shopping street in Tokyo as a culturally sustainable and ageing-friendly community［J］. Journal of Urban Design，2017，22（5）：637-657.

[9]WHO. Global Age-Friendly Cities : A Guide［R］. Geneva，Switzerland : World Health Organization，2007.